아픈 마음들의 시대

아픈 마음들의 시대

불안과 고통을 치료하는 정신의학 이야기

최강 지음

바다출판사

프롤로그

마음의 회복력

정신의학은 사람의 정신 이상이나 병적 상태를 인식하고 치료하는 의학의 한 분야이다. 인간의 정신을 치료한다는 개념은 고대 그리스 로마로 거슬러 올라갈 정도로 역사적으로 오래되었는데 오늘날과 같은 의미의 학문 체계를 가리키게 된 것은 19세기 유럽에 학부가 개설되면서부터이다. 굳이 사람을 정신질환으로 범주화한다는 푸코의 비판을 받기도 했고, 나치하 독일에서는 학살에 동원되기도 했던 어두운 역사도 있다. 하지만 나는 정신과 의사로서 20여 년 동안 만나 온 환자들, 즉 아픈 마음을 지닌 사람들의 고통을 덜어 주는 현실적인 도구로써 정신의학의 힘을 믿는다. 이 책에서는 다양한 정신질환을 다각도로 반추하며 나름의 정신의학적 분석과 개인적 경험, 유명인의 사례까지 다양한 이야기를 꺼내 놓고자 한다. 특히 책 전체를 관통하는 하나의 키워드는 사회 정신의학이라는 개념인데 정신질환의 사회적·문화적 측면을 강조하는 정신의학의 한 부류이다. 우리는 그동안 개인의 문제로 치부되었던 정신질환이 사회의 문제이기도 하다는 것을 알게 될 것이다. 동시에 필자는 뇌 과학이라고 불리는 신경과학의 최신 연구 성과물들을 뒤져보며 지금 우리에게 필요한 다양한 해결책을 찾아보았다. 또한 17장에 걸쳐 공황 장애, 거식증과 폭식증으로 대표되는 섭식장애, 각종 우울증과 조울증, 사회 공포증 등 우리 주변에서 흔히 볼 수 있는 질환을 면밀하게 살펴보고자 한다.

우리가 일상에서 마주하고 있는 이 질환들을 설명하기에 앞서 정신의학의 리질리언스resilience란 개념을 먼저 말하고 싶다. 단어를 쪼개 어원을 살펴보면 re는 '다시'를 의미하고 sil은 '스프링'을 의미한다. 즉 리질리언스는 다시 튀어나오는 힘, 탄성력을 의미한다. 물리학에서 탄성력이란 외부의 힘에 의해 변형된 물체가 원래 상태로 되돌아가려는 힘을 뜻하지만 정신의학에서는 '역경을 극복하고 스트레스 이전의 수준으로 회복하는 힘이나 능력'[1]으로 정의한다. 리질리언스는 정신의학 외에도 심리학·사회과학 등의 영역에서 극복력·회복력·적응 유연성·심리적 탄력성·복원력 등 여러 용어로 혼용되고 있는데 보통 '회복 탄력성'

이라는 용어로 가장 널리 알려져 있다.

1980년대에 방영된 만화 〈개구리 왕눈이〉의 주인공 왕눈이는 회복 탄력성의 대명사라고 해도 과언이 아니다. 그는 포식자를 피해 정든 냇가를 떠나 무지개 연못에 정착하지만 그곳의 삶도 녹록지 않다. 마을의 최고 권력자 투투는 자신의 딸 아로미가 왕눈이와 어울리는 것이 싫어 지위와 권력을 이용해 왕눈이를 못살게 군다. 투투의 오른팔, 가재는 집게로 폭력을 행사하고 또 다른 악당들 심술이와 얌술이 또한 끊임없이 왕눈이를 놀리고 괴롭힌다. 투투를 무서워하는 연못 주민들 역시 잘못인 줄 알면서도 후환이 두려워 왕눈이 가족을 따돌린다. 하지만 개구리 왕눈이는 "비바람 몰아쳐도 이겨 내고 일곱 번 넘어져도 일어"나는 높은 회복 탄력성을 보여 준다.

왕눈이처럼 역경에 쉽사리 굴하지 않는 사람들과 그렇지 않은 사람들 사이에는 어떤 차이점이 존재할까? 회복 탄력성 연구의 세계적 권위자인 캐런 레이비치와 앤드류 샤테에 따르면 회복 탄력성은 감정 통제력, 충동 통제력, 원인 분석력, 낙관성, 자기 효능감, 공감 능력, 적극적 도전성, 이렇게 일곱 가지 요소로 구성되어 있다.[2] 다시 말해 회복 탄력성이 높은 사람은 부정적 상황에서도 침착하게 자신의 감정과 충동을 잘 다스리고 문제의 원인을 정확하게 평가한다. 그리고 모든 것이 나아질 것이란 기대를 품고 어려움을 해결하는 자신의 능력을 신뢰한다. 아울러 주변 사람들이 느끼고 생각하는 바를 잘 이해하면서 자신의 한계를 미리 예단하고 움츠러드는 대신 적극적으로 역경에 맞선다.

하지만 개인의 심리적 특성만으로 회복 탄력성을 설명할 수는 없다. 미국의 발달 심리학자 에미 베르너 교수는 하와이의 카우아이섬에서 태어난 아이들 698명을 40년간 추적 관찰했다.[3] 그중에서도 가난이나 가정불화 같은 인생의 큰 고난을 일찍부터 겪었던 아이들 중 역경의 시간을 무탈하게 보내고 어엿한 사회인으로 성장한 이들을 주시했다. 그들에게는 하나의 공통점이 있었는데 하나같이 든든한 버팀목이 되어 주는 주변 사람들이 늘 가까이에 있었다는 것이다. 가정에서는 적어도 한 명 이상의 가족 구성원이 이들과 밀접한 관계를 맺으며 안정적인 양육을 제공했고 지역 사회에서는 또래 친구들이 어려운 순간마다 힘이 되어 주었다. 학교의 선생님들 또한 이들에게 긍정적인 역할 모델이었다.

제2차 세계대전 참전 군인들의 심리적 후유증을 조사한 연구에서도 비슷한 양상을 확인할 수 있다.[4] 그들은 가족과 동료 군인에게서 사회적 지지를 더 많이 받을수록 외상 후 스트레스 장애post traumatic stress disorder를 더 적게 경험했다. 회복 탄력성에는 개인적인 요소 외에도 환경적인 요소가 강하게 작용한다. 이를테면 〈개구리 왕눈이〉의 왕눈이가 최후의 악당 메기마저 꿋꿋하게 물리칠 수 있었던 것은 개인의 능력 외에도 아낌없는 지지와 응원을 보내 주었던 부모와 아로미 덕이 크다.

흔히 사람들은 아무런 근심과 걱정 없이 행복하고 아름다운 삶을 바라지만 현실은 그렇지 않다. 때때로 견디기 버거운 고통으로 인해 낙담하고 좌절에 이르기도 한다. 또한 누구나 한 번쯤 뜻하지 않는 불행으로 인생이 뿌리째 흔들리는 경험을 하는데 심할 경우 외상 후 스트레스 장애에 시달리게 된다. 하지만 우리에게는 닥쳐오는 파도에 휩쓸리지 않고 요동치는 마음을 재빠르게 가라앉히며 쓰러진 자리에서 다시 일어나게 하는 힘, 회복 탄력성이 있다.

사람에 따라 그 정도는 다를 수 있지만 적절한 노력을 통해 각자의 회복 탄력성을 높일 수 있고 변함없는 지지를 보내 주는 가족과 친구가 있다면 회복 탄력성은 더욱 고양될 수 있다. 하지만 이것만으로는 부족하다. 탱탱볼이 높이 튀어 오르는 이유는 바닥이 딱딱하기 때문이다. 제아무리 탱탱볼의 탄성력이 높다 한들 무른 면에 던지면 높이 튀어 오를 수 없다. 회복 탄력성 역시 마찬가지다. 당사자와 주변 사람의 노력만으로 심리적 외상을 극복하기에는 한계가 있다. 회복 탄력성이 그 힘을 충분히 발휘하려면 사회 환경을 단단하게 가다듬는 것이 필요하다. 사건과 사고를 모두 막을 수는 없겠지만 사람들이 회복 탄력성을 지니고, 이를 잘 사용할 수 있는 환경이 조성되어 있다면 심리적 피해를 최소화하고 빠르게 회복될 수 있다.

정신의학의 많은 분야가 그렇듯 최근에는 회복 탄력성의 생물학적 요소를 찾으려는 노력이 활발하다.[5] 유전학, 신경 내분비학, 신경 생물학 등의 다양한 분야에서 주목할 만한 연구 성과가 나오고 있다. 2013년 미국 에모리 대학교의 네거 파니 교수 연구진은 뇌 영상 연구를 통해 회복 탄력성이 높은 사람들 뇌의 특징을 알아냈다. 연구진은 심리적 외상을 겪은 흑인 여성 참가자들의 외상 후 스트레스 증상 여부를 조사했다. 이 중 증상이 없는 26명과 증상이 있는 25명을 두고 확산 텐서 영상이라는 촬영을 통해 두 집단의 뇌를 비교했다. 확산 텐서 영상은 물 분자가 생체 내에서 모든 방향으로 자유롭게 확산하지 않고 특정 방향으로 확산하는 '비등방성'을 이용해 뇌 백질의 구조적인 움직임과 뇌의 여러 영역을 관찰하는 뇌 영상 방법이다. 그 결과 외상 후 스트레스 장애 증상이 있는 집단의 뇌에서 후방 대상의 분할 비등방도가 감소한 것으로 나타났다. 이는 세포와 세포 사이를 연결하는 백질이 통로 역할을 잘 감당하지 못하는 것으로 후방 대상백질과 가까운 전방 대상피질과 해마의 소통에 문제가 발생한 것을 의미한다. 전방 대상피질은 해마와의 상호 작용으로 불현듯 떠오르는 불편한 기억을 억제하고 사라지도록 하는 역할을 담당한다. 후방 대상백질에 발생한 구조적 이상 때문에 전방 대상피질과 해마의 연결에 문제가 생기면서 외상 후 스트레스 장애 환자들은 시시때때로 떠오르는 부정적 기억 때문에 고통받는 것으로 추정된다. 뇌 과학적 입장에서는 전방 대상피질과 해마가 잘 연결되어 그 두 기관의 원활한 소통이 이뤄지는 사람이 바로 회복 탄력성이 높은 사람인 것이다.

그럼 두 기관의 소통은 약물로 원활해질 수 있을까? 정신의학에서는 외상 후 스트레스 장애를 겪는 환자를 만난다면, 아니 그 밖에 많은 정신질환에 고통을 겪는 환자들을 위해 어떤 치료 전략을 짤까? 오늘날 정신의학의 주된 치료 전략은 이른바 생물심리사회적biopsychosocial 모델이다. 정신질환에 미치는 생물학적·심리적·사회적 요인들은 두루 고려하는 전략이다. 뒤집어 말하면 약물과 면담만으로는 온전한 회복에 이르지 못함을 의미한다. 마음의 문제로 병원을 방문한 환자의 증상이 일시적으로 좋아져도 환자를 둘러싼 환경이 여전히 불안정하고 호의적이지 못하면 증상은 재발하는 경우가 많다. 질병의 온전한 회복을 위해서는 사회의 변화와 노력이 필수적이다.

19세기 말 중국의 정치가이자 의사였던 쑨원은 "소의치병小醫治病, 중의치인中醫治人, 대의치국大醫治國"이라는 말을 남겼다. 이 말인즉슨 병을 고치는 의사는 작은 의사, 사람을 치료하는 의사는 중간급의 의사, 나라와 사회를 고치는 의사는 큰 의사라는 뜻이다. 거창한 대의를 품고 꺼낸 말은 아니지만 쑨원의 주장처럼 무언가를 치료하는 행위는 사회적 맥락에서도 고려되어야 한다. 심리적 고통에서 회복된 사람이 다시 나빠지지 않도록, 애초에 사회 환경의 문제로 마음의 상처가 생기지 않도록 말이다.

혹 지금 인생의 역경을 만나 어려운 시간을 보내고 있다면 내가 가진 회복 탄력성을 떠올려 보자. 단단한 바닥을 친 뒤 탄성을 받아 하늘로 솟아오르는 탱탱볼처럼 나를 둘러싼 관계와 사회적 환경이 탄탄하다면 상처로 가라앉은 우리 아픈 마음들도 반동을 받아 반드시 다시 튀어 오를 것이다.

차례

따돌림 자살

혼자라는 심리적 고통

외로움이 뇌를 변화시킨다

'소외'란 말을 들으면 가장 먼저 떠오르는 기억이 있다. 스무 살에 신체검사를 받으러 병무청을 방문했을 때의 일이다. 나는 병적기록부에 개인신상을 적다가 직업란에서 난관에 부딪혔다. 주변을 둘러보니 다들 망설임 없이 '대학생' '회사원' 등 각자의 소속이나 직업을 적는 게 아닌가. 소심한 나는 대충 적지 못하고 공무원에게 재수생은 어떻게 해야 하느냐고 물어봤다. 심드렁한 표정의 공무원이 준 답은 매우 간단했다. '무직.'

주변 사람들은 신경도 쓰지 않는데 괜히 얼굴이 빨개지고 부끄러워졌다. 분명 그곳에 나 말고도 재수생이 여럿 있었겠지만 직업란에 무직이라고 쓰는 순간 내 자신이 외톨이처럼 느껴지면서 마음 한구석이 아렸다. 대학생도 아니고 직장인도 아닌, 어느 집단에도 소속되지 못한 주변인이란 생각에 울컥했던 것이다. 낮아진 자존감도 한몫했겠지만 소속 집단이나 밀접하게 관계 맺은 사람이 없는 상황이 주는 고통은 생각보다 컸다.

우리는 무인도에 갇힌 것처럼 사람들로부터 격리되면 마음뿐만 아니라 몸도 아프다고 느낀다. 그 이유는 무엇일까? 2003년 미국 로스앤젤레스 캘리포니아 대학교의 심리학 교수 나오미 아이젠버거 연구진은 '사이버볼'이라고 하는 공놀이 컴퓨터 게임을 이용해 참가자들이 소외감을 느낄 때 뇌의 변화를 살펴보았다.[1] 참가자는 다른 참가자 두 명과 함께 셋이서 공을 주고받는 줄 알았지만 사실 그 둘은 모두 컴퓨터가 조정하는 가상 인물들이었다. 처음에는 참가자가 몇 번 공을 주거니 받거니 할 수 있었지만 점차 컴퓨터가 설정한 대로 참가자에게 공을 건네지 않고 나머지 가상 인물 두 명끼리만 공을 주고받았다. 참가자가 집단에서 소외받는 느낌을 겪는 동안 연구진은 기능적 자기공명영상 fMRI를 통해 뇌의 반응을 살펴봤다.

뇌 영상을 확인해 보니 참가자들이 따돌림을 당한다고 느낄 때 뇌의 배측 전방 대상피질이 활성화된다는 사실을 발견했다.

이곳은 물리적 아픔으로 인해 기분이 불쾌해지는 인과성 사이에서 경보 장치 역할을 담당한다. 고통이 발생하면 '뭔가 잘못되었구나' 하고 인지하는 것이다. 반면 오른쪽 복측 전전두피질의 활동은 감소했는데 역시 신체적인 고통을 겪을 때 관찰되는 특징이었다. 한마디로 뇌의 반응만 봐서는 참가자가 마음이 아픈지 몸이 아픈지 구분하기 어려웠다. 따라서 연구자들은 신체적 고통과 심리적 고통이 동일한 신경 해부학적 바탕에서 이뤄지는 것으로 해석했다. 다시 말해 집단에서 소외되는 심리적 고통은 실제 몸이 아파서 느끼는 육체적 고통과 유사하다고 추론할 수 있다.

타이레놀로 마음의 안정을

'아픈 마음'이 은유가 아니라 실제임을 보여 준 아이젠버거 교수의 연구 결과는 사회에 큰 반향을 일으켰다. 당시 2000년대 초반은 따돌림 자살bullycide이라는 말이 신조어로 지정될 정도로 집단 따돌림이 심각한 사회 문제로 떠오르던 때였다. 자연스럽게 이 연구는 집단 따돌림이 초래하는 부정적인 결과를 실제로 증명하는 증거로 많이 소개되었다. 아울러 학계에도 많은 영감을 제공해 여러 분야에서 많은 후속 연구가 진행되었다.

그중 한 연구는 10여 년 전 병무청에서 징병 전담 의사로 군

복무를 하던 시절 내게 큰 관심의 대상이 되었다. 당시 심리 검사 업무가 병행되는 정신과의 특성상 내 업무는 종종 늦게 끝나기 일쑤였는데 따로 점심을 먹거나 혼자서 퇴근하는 일이 반복되면서 동료들에게 미묘한 소외감을 느끼기 시작했다. 이러다 마음뿐 아니라 몸도 아파지는 것은 아닐까 걱정하던 중 한 가지 묘책이 떠올랐다. "타이레놀!" 진통제로 많이 쓰이는 타이레놀의 주성분인 아세트아미노펜acetaminophen이 '사회적 고통을 감소시킨다'는 논문이 떠올랐기 때문이다.[2]

그 논문의 실험 내용은 다음과 같다. 연구진은 60명의 참가자를 각각 절반씩 '아세트아미노펜 복용 집단'과 '가짜 약 복용 집단'으로 나눴다. 그리고 참가자들은 3주 동안 자신의 감정을 점수로 매긴다. 그 수치를 비교해 보니 아세트아미노펜을 복용한 사람들이 상대적으로 사회적 고통을 덜 겪는 것으로 드러났다. 뒤이어 뇌 영상 실험도 추가로 진행되었다. 연구진은 25명의 참가자를 이전 실험처럼 '아세트아미노펜 복용 집단'과 '가짜 약 복용 집단'으로 나눠 3주 동안 해당 약을 먹게 했다. 또한 이들이 앞서 소개한 사이버볼 게임을 하는 동안 자기공명영상 촬영을 진행했을 때, 연구진은 통증으로 인한 부정적인 정서와 연관되는 배측 전방 대상피질과 전측 섬엽에 관심을 기울였다. 분석 결과, 게임에서 소외될 때 진짜 아세트아미노펜을 복용한 집단의 사람들 뇌에서 두 영역의 활성도가 더 낮았다. 몸이 아플 때 먹는 진통제가 항우울제 효과도 있다는 사실이 확인된 것이다. 동료들에게 소외되면서 몸이 아픈 것 같은 마음의 고통을 경험하고 있던 내게 이 연구는 가뭄의 단비처럼 다가왔다. 더구나 타이레놀은 누구나 쉽게 구할 수 있는 일반 의약품이었다. 그래서 약국에서 구입한 타이레놀을 복용하고 출근해 봤다. 나의 심적 고통이 조금이나마 경감되길 바라면서.

결과가 궁금해질 수 있는데, 그 전에 해당 연구를 잠깐 살펴보도록 하자. 사실 후속 연구들에 의하면 아세트아미노펜의 효과는 엄밀하게 말해 아픈 마음을 치유하는 것이 아니라 마음 자체를 무디게 하는 것이라고 밝혀졌다. 아세트아미노펜을 복용하면 감정의 기복이 감소하는 대신 다른 사람의 고통에 공감을 하지 못하는 경향을 보인다. 다시 말하면 아세트아미노펜을 복용한 만큼 이웃을 믿지 못하고 사회의 일원이라는 기분을 느끼지 못하는 상황이 발생할 수도 있다. 그래서 최근에는 아세트아미노펜이 외부에 대한 관심을 줄여 우리의 마음을 일종의 절연 상태로 만들어 마음의 진통제 역할을 한다고 해석하고 있다.

기대와 달리 병무청에서 내가 시행한 셀프 임상 실험은 성공을 거두지 못했다. 아침저녁으로 타이레놀을 꼬박꼬박 챙겨 먹었지만 동료 의사들로부터 느끼는 소외감과 마음의 고통은 여전했다. 실패의 이유는 무엇이었을까? 실제 실험과 달리 이중 맹검 double blind 상황이 아니었기 때문일 거라 추측된다. 이중 맹검이란 실험에서 주관성이 개입할 가능성을 배제하기 위해 실험 진행자와 참여자 모두에게 관련 정보를 제공하지 않는 것을 의미한다. 혹은 약을 필요 이상으로 오래 복용하는 게 마음에 걸려 일주일만 먹은 것도 원인일 수 있다. 결과적으로 처음 논문을 접했을 때의 전율은 이내 심드렁한 회의감으로 바뀌었다.

물론 때로는 인생에서 마음을 둔하게 만드는 것이 유리할 때가 있다. 많은 사람들 앞에서 발표할 때나 중요한 시험을 앞두고 긴장될 때처럼 말이다. 하지만 사회 전체적으로 보면 개개인의 외부를 향한 관심이 감소하면 소외와 배제의 문제는 더 심각해진다. 또한 집단주의가 만연한 우리 사회에서는 둔감함보다 민감함이 더 필요한 덕목일 수도 있다. 둔해진 공감 능력으로 서로의 마음에 내는 생채기를 줄이기 위해서는 약물 처방 외에도 사회적 합의가 매우 중요하다. 이를테면 직장 내에서 심리적 보복 등을 제제하기 위해 2019년 7월부터 시행하고 있는 '직장 내 괴롭힘 금지법'도 같은 맥락이다.

모두가 피하는 한 사람

오래전 시인 정현종은 〈섬〉이라는 시에서 사람과 사람 사이에 있는 섬에 가고 싶다고 노래했다. 단 두 줄밖에 되지 않는 짧은 시이지만 인간의 본질적인 외로움을 노래하기 때문인지 읽을 때마다 긴 여운이 남는다. 특히 사회적 동물인 인간이 집단에서 소외되고 배제될 때 겪는 마음의 고통은 망망대해에 홀로 고립된 외로움보다 더 클지도 모르겠다.

따돌림이라는 쓰라린 경험은 이제 어린 학생들만의 고민이 아니다. 회사 조직에서 동료 인턴들에게 따돌림을 당하던 드라마 〈미생〉의 주인공 장그래처럼 수많은 직장인들도 일상에서 여러 형태로 소외를 경험하며 가슴앓이를 한다. 또한 SNS나 메신저 채팅, 문자 메시지 등을 이용해 특정인을 집요하게 괴롭히는 사이버불링cyberbullying이란 신조어에서 볼 수 있듯이 온라인 또한 따돌림 폭력에서 자유롭지 않다. 누군가를 낙인찍고 지속적으로 비난하는 집단행동은 숱한 '사회적 고통'을 유발한다.

집단 안에서 배제의 폭력을 겪는 대표적 유형 중 하나로 내부 고발자를 꼽을 수 있는데 사회적 파장을 낳았던 이른바 '땅콩 회항' 사건의 피해자 박창진 사무장도 이에 해당한다. 이 사건은 2014년 연말 뉴욕 공항에서 항공사 오너 일가인 조현아 전 부사장이 땅콩 제공 서비스를 문제 삼으며 난동을 부린 비행기 회항 사건이다. 당시 '마카다미아를 땅콩으로 볼 수 있느냐' 하는 우스개 소리부터 사회에 만연한 갑의 횡포에 대한 심도 있는 고민까지 전방위적으로 여러 이야기가 터져 나왔다. 항공사와 국토교통부의 조율 아래 조용히 묻힐 뻔한 사건이 세상에 알려질 수 있었던 것은 박 사무장이 국토교통부의 조사를 거부하고 언론과 인터뷰를 감행하며 사건의 내막을 폭로했기 때문이다.

그러나 용기의 대가는 너무나도 컸다. 내부 고발자를 '영웅'이 아닌 '배신자'로 치부하는 한국 사회에서 경영진의 잘못을 덮지 않고 공개한 그에게 돌아온 것은 '관심 사원'이라는 주홍글씨였다. 박 사무장은 피해 당사자가 곧 내부 고발자가 된 흔치 않은 경우였으며 사건 이후 극심한 스트레스를 받았다. 직장에서 인사 보복과 같은 냉대로 고통받았던 그는 5년 가까이 소송을 진행했고 결국 지난 2019년, 항소심 판결대로 사 측의 7천만 원의 배상 판결을 수용했다.

도덕적 가치가 우선

우울한 이야기이지만 공익에 입각한 제보 이후 내부 고발자들의 삶은 애초의 선한 의도와는 달리 대부분 나쁜 방향으로 흘러간다. 2005년 황우석 박사의 줄기세포 논문 조작을 최초로 제보했던 일명 닥터K, 강원 대학교 의과대학 병리학과 류영준 교수의 삶을 봐도 그렇다. 그는 2005년 한 방송사 게시판에 글을 올린 뒤 황우석 박사를 지지하던 대중들의 광기에 부딪혔다. 이후 근무하던 병원을 반강제로 그만두게 되었고 1년 6개월가량 직업을 갖지 못한 채 사실상 도망을 다녔다. 2년 뒤 다른 병원에 가까스로 취업했지만 그곳에서도 사람들의 강한 반대와 경계에 부딪혔다. 내부 고발 뒤 그는 외딴섬과 같은 존재가 되었다.

공익을 해치는 집단 내부의 잘못을 외부에 알리는 행동은 조직에 대한 충성보다 정의라는 도덕적 가치가 우선할 때 나타난다.[3] 10년 만에 징계가 철회된 김이태 연구원의 경우도 그렇다. 2008년 그는 자신이 몸담고 있던 한국건설기술연구원을 향해 눈먼 지지를 보내는 대신 과학적 양심과 공공의 알 권리라는 더 큰 선善을 택하며 '정부의 4대강 사업의 실체가 운하 건설'임을 밝혔다. 하지만 집단주의가 강한 우리 사회에서 내부 고발자는 조직을 분열시키고 단합을 저해하는 문제적 인물 취급을 받기 일쑤다. 이는 자연스럽게 사회적 소외로 이어진다. 2007년 삼성 비자금을 폭로했던 김용철 변호사 또한 '배신자' '변절자'라는 손가락질을 받았고 심지어 성격 이상자, 인격 파탄자라는 음해성 소문까지 나돌았다. 비단 김용철 변호사뿐만이 아니다. 오랜 기간 내부 고발자의 보호와 지원을 맡아 왔던 박흥신 교수 등이 내부 고발자를 대상으로 진행한 조사에서는 응답자 30명 중 19명이 공익 제보 뒤 동료나 후배가 거의 매일 자신과 말을 하지 않으려 했다고 답했다.[4] 이 조사에서 사회적 소외를 경험하지 않았다고 응답한 사람은 단 한 사람뿐이었다.

직장에서 흔히 발생하는 괴롭힘도 다르지 않다. 국가인권위원회의 2017년도 자료에 따르면, 1년 사이에 직장 내 괴롭힘을 겪은 적 없는 사람은 약 26퍼센트에 불과했다. 또한 괴롭힘을 당해도 별다른 대처를 하지 않았다고 답한 사람은 60퍼센트를 웃돈다. 연봉과 진급을 두고 경쟁이 치열한 직장에서 은밀하게 자행되는 심리적 괴롭힘이 집단주의적 편견과 만나 피해자들은 이렇다 할 대처조차 하지 못하고 있다. 시행 중인 직장 내 괴롭힘법이 해결의 돌파구가 될지는 계속 지켜봐야겠지만 법 제정이 화제가 되면서 당연하게 여겨졌던 개인의 고통이 사회적 의제로 설정된 것 자체가 의미 있는 일이었다.

마음이 아프면 몸도 아프다

이처럼 집단에서 거절당할 때 발생하는 마음의 아픔은 실제 몸이 겪는 통증처럼 괴로울 수 있다. 그것이 은유이든 실제이든 말이다. 하지만 2014년 미국 콜로라도 대학교의 왜거Wager 교수는 '심리적 고통이 육체적 고통과 유사하다'라는 아이젠버거의 이론을 반박하는 연구 결과를 2014년에 발표했다.[5] 연구진은 먼저 60명의 참가자를 대상으로 두 종류의 고통을 경험하도록 했다. 참가자의 왼쪽 손목에 열 자극을 가하는 신체적 고통과 헤어진 연인이나 가까운 친구의 얼굴 사진을 보여 주면서 사회적으로 단절된 감정을 일으키는 정서적 고통이었다. 이어서 참가자가 각각 육체적·심리적 고통을 받을 때의 뇌 반응에 대한 비교가 진행되었다.

분석 결과 두 형태의 고통은 모두 뇌에서 동일한 영역을 활성화시키는 것으로 나타났다. 이는 심리적 고통과 육체적 고통이 동일한 신경 회로를 공유한다는 아이젠버거의 기존 이론과 부합하는 결과이다. 그러나 연구진이 뇌 영상의 해상도를 높이고 보다 정교하게 영상 결과를 분석하자 활성화의 두 가지 형태에 뚜렷한 차이가 있는 것으로 드러났다. 아울러 이들 영역 중 배측 전방 대상피질의 경우 통증 자극이 심리적이냐 육체적이냐에 따라 뇌의 다른 영역과 기능적으로 연결되는 형태가 달랐다.

물론 이런 결과가 심리적 고통과 육체적 고통이 전혀 관련이 없다는 의미는 아니다. 연구진이 앞서 2011년에 자료의 일부(40개의 뇌 영상)를 분석한 연구[6]에서도 확인되듯이 신체적 통증과 사람이 어떤 거절을 당할 때 겪는 심리적 통증, 두 경우에서 뇌에서 활성화하는 영역이 많이 겹친다.[7] 실제로 신체적 통증을 동반한 심리적 고통 모두에 효과가 있는 둘록세틴duloxetine이라는 항우울제도 있다.

사회적 소외가 주는 마음의 고통이 크기 때문일까? 아니면 집단에서 배제되는 일이 파편화된 사회에서 굉장히 흔해졌기 때문일까? 아이젠버거의 '사회적 고통social pain' 이론은 지금까지 많은 사람의 관심을 받아 왔다. 왠지 매력적이고 직관적으로 와닿는 이 주장을 추가적으로 더 검증해야 한다는 사실이 조금은 서운하지만 정설로 굳어지기에는 더 많은 근거가 필요한 상황이다.

당분간은 사회적 고통과 관련해 기존의 이론에 바탕을 둔 연구 결과들을 비판적으로 수용하는 자세가 필요해 보인다. 하지만 당연시되는 사실에 의문을 품고 새로운 내용을 찾는 것이 진정한 과학의 길 아니겠는가. 앞으로 더 많은 후속 연구를 통해 사회적 고통을 둘러싼 뇌의 비밀이 더 많이 밝혀질 거라 전망된다.

이와 별개로 캐나다 오타와 대학교에서 아동 정신 건강 및 학대 예방에 관한 연구를 하는 트레이시 베일란코트 교수의 연구에 따르면 따돌림으로 인한 스트레스는 면역 기능에 변화를 초래해 다양한 질병에 노출될 가능성을 높이는 것으로 밝혀졌다.[8] 이 또한 소외와 단절의 경험이 마음뿐만 아니라 몸에도 문제를 일으키는 사례라고 할 수 있다. 심심치 않게 언론에 보도되는 따돌림 자살과 크고 작은 소외에 대해 우리는 지금보다 더 경각심을 가질 필요가 있다. 학교, 직장, 심지어는 가정에서 소외되고 있는 사람이 나와 상관없는 무인도처럼 보일 수 있다. 하지만 일찍이 영국의 시인 존 던이 노래했듯이 "그 누구도 저 혼자는 온전한 섬이 아니고 대륙의 한 조각, 본토의 한 부분"이다. 우리에게 필요한 것은 역지사지의 자세로 사회적 고통을 겪고 있는 사람들의 손을 먼저 잡아 주는 의지가 아닐까.

사회 불안 장애

그저 피하고 싶은 사람들

슈퍼스타의 낯가림

미식축구 선수, 리키 윌리엄스는 대학 시절 전도유망한 선수였고 가장 뛰어난 선수에게 수여되는 하이즈먼 트로피를 거머쥔 화려한 경력의 소유자였다. 프로 리그에 진출한 이후에도 그의 기량은 빛났다. 데뷔 2년 차인 2000년부터 천 야드 러시를 기록했고, 마이애미 돌핀스로 이적한 2003년에도 역사적인 기록을 계속 갱신했다. 비결은 몸을 사리지 않는 근성과 뛰어난 운동 신경, 그리고 어지간한 태클로도 쓰러지지 않는 건장한 체격에 있었다.

경기장 안에서는 위풍당당한 슈퍼스타였지만 경기장 밖에서 윌리엄스의 모습은 사뭇 달랐다.[1] 기자와 인터뷰를 할 때 어두운 색깔의 얼굴 가리개가 있는 헬멧을 쓴 채 기어들어 가는 목소리로 질문에 답하는 모습은 정말 낯설었다. 그는 길거리에서 사람들이 자신을 알아보고 말을 걸까 봐 온종일 집에 머물렀고, 어쩔 수 없이 상점에 가야 할 때는 사람들과 마주치는 것이 두려워 매대 사이를 뛰어다니면서 물건을 골랐다. 비행기를 타고 이동할 때는 혼자 창밖을 보며 좌석에 푹 파묻혔고 식사 자리에 초대받으면 대화를 피하기 위해 식사가 끝날 때까지 화장실에 머물렀다. 일상생활에서 그는 냉담하고 이상한 괴짜로 통했다.

사람들이 무서워 힘들어하던 윌리엄스는 2001년, 한 친구의 권유로 정신과를 방문해 약물 치료와 상담 치료를 받으면서 자신과 비슷한 고통을 겪는 사람들이 많다는 것을 알게 되었다. 지속적인 치료로 증상이 호전된 후 그는 즐거운 마음으로 인터뷰를 기다리고, 팀 동료들과 스스럼없이 어울리며 가족과 함께 외출도 할 수 있게 되었다. 그런데 수많은 관중이 지켜보는 드넓은 그라운드에서 누구보다 당당했던 슈퍼스타와 극단적으로 낯을 가리는 괴짜가 어떻게 한 사람의 내면에 공존할 수 있었을까? 답은 사회 불안 장애social anxiety disorder에 있다.

사람만 보면 두근두근

사회 공포증으로도 불리는 사회 불안 장애는 이름 그대로 '사회 상황'에서 불안과 공포를 느끼는 질환이다. 사회 상황이란 구체적으로 낯선 사람과의 대화나 다 같이 음식을 먹고 마시는 자리 또는 다수의 청중 앞에서 홀로 무언가를 말하고 수행하는 연설이나 발표처럼 타인을 마주하는 일련의 상황들을 의미한다. 이런 상황을 두려워하는 사람은 다른 사람들과 마주할 때 극심한 공포와 불안을 느낀다. 자신이 불안하거나 약한 사람, 미쳤거나 지루한 사람으로 비춰질까 봐 전전긍긍하기 때문에 얼굴이 붉어지며 몸을 떨거나 땀을 흘리고 말을 더듬는다. 결국 상황 자체를 회피하려고 하기 때문에 일상생활을 원만하게 영위하는데 어려움을 겪는다. 환자를 진료하는 임상에서는 이런 공포·불안·회피가 6개월 이상 지속될 때 사회 불안 장애 진단을 내린다.

사회 불안 장애의 임상 양상을 보면서 "나도 혹시?" 하는 사람이 있을 수 있다. 소개팅에서 얼어붙어 말 한마디 제대로 건네지 못하고, 면접에서 비 오듯 식은땀을 흘리다 엉뚱한 대답을 하고, 직장에서 발표할 때 머릿속이 하얘지면서 준비한 내용을 떠올리지 못하는 경험은 누구나 한 번 즈음 있다. 나도 전공의 시절 환자의 증상을 보고하는 증례 발표를 처음으로 하게 되었을 때 도무지 불안한 마음이 진정되지 않아 선배의 권유대로 항불안제인 자낙스xanax를 복용하고 단상에 올랐었다.

그러나 수줍음·소심함·낯가림·내향성·부끄러움과 같은 단어가 곧바로 사회 불안 장애를 뜻하지는 않는다. 누구나 낯선 사람을 만나거나 대중 앞에 서면 긴장하고 불편함을 느낀다. 다만 그 정도가 개인마다 다를 뿐이다. 쉽게 수줍음을 타거나 낯을 가리는 성향 자체만으로는 사회 불안 장애 진단을 받지는 못한다. 의학적 진단은 사회 상황에서 겪는 불안과 공포가 너무 심해 일상생활에 영향을 끼칠 때 적용된다.

표정에 민감한 안테나

사회 불안 장애의 핵심 개념은 '사회 상황에 대한 공포'이다. 사회 불안 장애 환자는 다른 사람에게 비난이나 거부를 당하는 상황을 두려워한다. 한 연구에서는 사회 불안 장애 환자들이 부정적인 표정, 즉 분노·공포·혐오 등의 감정이 얼굴에 드러나는 것을 볼 때 일반인에 비해 뇌의 편도체가 강하게 활성화하는 것으로 나타났다.[2] 그리고 편도체가 많이 활성화될수록 불안 증상도 더욱 심각했다. 편도체는 감정의 중추 역할을 담당하는 곳이다. 사회 불안 장애 환자는 작은 부정적 단서에 일반인보다 더 민감하고 불안하게 반응하는 것이다.

사회 불안 장애 환자는 특히 화난 표정에 민감하게 반응한다. 2004년 사우샘프턴 대학교의 캐린 모그 교수의 연구진은 환자 15명과 일반인 15명을 대상으로 분노·행복·중립 세 가지 표정을 이용해 점-탐지 과제dot-probe task를 수행했다. 이 검사는 두 종류의 얼굴 표정이 화면에 동시에 나타난 직후, 위나 아래를 가리키는 화살표가 화면 한쪽에 나타날 때 화살표의 방향을 맞히는 식으로 진행된다. 참가자가 화살표에 빠르게 반응할수록 화살표 직전에 나타난 얼굴 표정을 더 경계한다는 해석이 이루어진다.

이 실험에서 사회 불안 장애 환자들은 화면에 얼굴 표정이 짧게 나타날 때 행복과 중립 표정보다 분노 표정에 더 빠르게 반응했다.[3] 반면 얼굴 표정이 길게 나타날 때에는 이런 경향이 관찰되지 않았다. 사회 불안 장애 환자들이 다른 표정에 비해 화난 표정에 순간적으로 반응하는 것은 위협이 되는 신호를 빨리 찾아내 부딪히지 않으려는 의도라고 추론된다.

말을 심하게 더듬어서 사람들 앞에서 연설하는 것을 두려워했던 영화 〈킹스 스피치〉의 주인공 조지 6세의 태도에서도 사회 불안 장애 환자의 전형을 볼 수 있다. 그는 연설을 할 때 청중의 얼굴에서 거부와 비난의 시선을 재빠르게 포착했고 자신의 두려움에 젖은 표정을 감추지 못했다. 결국 자신의 말에도 집중하지 못해 자리를 떠 버리면서 그 상황에서 벗어났다. 조지 6세가 겪었던 상황, 즉 공포스러운 자극에 집중하고 회피를 통해 다른 상황으로 주의를 돌리는 것을 학술적으로 표현하면 '사회 불안 장애의 기저에는 공포에 대한 주의 편향attentioanl bias이 자리 잡고 있다'고 말할 수 있다.[4]

이처럼 사회 불안 장애 환자는 사람들 앞에 서는 두려움으로 인해 위협을 가하는 자극에 선택적으로 몰입해 예민하게 반응하고 이를 다시 부정적인 방식으로 해석해 불안이 가중되어 결국 상황 자체를 회피해 버린다. 다시 말해 사회 불안 장애 환자는 일반인이 알아채지 못하는 미세한 신호를 신속하게 파악해 행동의 뉘앙스를 구분하는 '민감한 정서 안테나'를 갖고 있다고 볼 수 있다.

비극을 예상하는 습관

앞서 소개한 윌리엄스는 정신과 의사의 처방으로 선택적 세로토닌 재흡수 억제제Selective Serotonin Reuptake Inhibitor, SSRI 중 하나인 팍실paxil이라는 약물을 복용했다. 팍실과 같은 계열의 약물들은 뇌에 작용해 효과적으로 불안 자체를 줄여 준다. 일반적으로 사회 불안 장애 환자들이 쉽게 빠지는 생각의 함정 중 하나로 '재앙화 사고'라는 것이 있다. 일상에서 맞닥뜨린 작은 불안이 점점 커지면서 작은 갈등도 큰 파국에 이르는 재앙으로 끝나고 말 것이라 여기는 사고 습관이다. 예를 들어 사람들 앞에서 발표를 한다고 가정해 보자. 그들은 자신들의 불안으로 발표를 망쳐 결국 동료들에게 소문이 날 것이며 그로 인해 회사에서 따돌림을 당해 퇴사까지 하고 다시는 사회생활을 못하게 될 것이라는 생각에 빠진다. 그들의 생각 속에서 불안은 눈덩이처럼 커져만 간다. 과도한 불안이 판단력을 압도해 버리면 그나마 할 수 있던 일마저도 다 망치게 된다.

2009년 미국 프로야구 아메리칸리그에서 해마다 최고의 활약을 한 투수에게 주는 사이영 상은 캔자스시티 로열스의 잭 그레인키에게 돌아갔다. 하지만 사실 그는 불과 3년 전만 해도 야구를 그만두려 했다. 2004년에 성공적으로 데뷔했지만 다음 해 지독한 2년 차 징크스를 겪으면서 정신적으로 흔들리기 시작했다. 결국 그는 자신이 원하지 않는데도 공을 던지고 있다는 생각에 얽매여 2006년 시즌을 준비하던 스프링 캠프에서 팀을 이탈했다. 원인은 고등학교 시절부터 지녔던 불안 장애 때문이었다. 그는 정신과를 찾아 자신이 사회 불안 장애와 우울증을 앓고 있다는 것을 깨닫게 되었고 자신을 괴롭히던 마음의 고통을 없애는 방법이 있다는 걸 알게 되었다. 바로 약물 치료였다.

"약물은 최고였어요"라고 인터뷰할 만큼 그레인키는 빠르게 안정을 되찾았고 그해 시즌 막바지에 다시 메이저리그로 돌아올 수 있었다. 2007년에는 선발과 불펜을 오가며 활약했고 2008년에는 다시 선발투수로 복귀해 13승 10패라는 준수한 성적을 거뒀으며 결국 다음 해에는 투수로서 오를 수 있는 최고의 자리에

올랐다.

그레인키가 복용한 약물은 선택적 세로토닌 재흡수 억제제 중 하나인 졸로프트zoloft였다. 정신과에서 이 계열의 약물은 사회 불안 장애 외에도 주요 우울 장애·범불안 장애·강박 장애·공황 장애·외상 후 스트레스 장애·월경 전 불쾌감 장애·신경성 폭식증 등의 치료에 사용된다.[5]

약물로 사회 불안 장애를 치료하는 것은 효과적이지만 불가피하게 따라오는 문제점도 있다. 바로 약물의 부작용이다. 물론 부작용의 실제 발생률은 높지 않으며 설령 나타나도 약물 종류나 용량을 바꾸면서 최소화할 수 있다. 그레인키도 약물의 효과에 만족하면서도 약간 처지는 기분에 대해 불만을 토로했다. 또한 그레인키와 달리 상당수의 환자에서는 약물이 만족할 만한 치료 효과를 가져오지 않는 경우도 종종 있다.[6]

불안을 줄이는 생각법

약물의 부작용에 지나치게 예민하거나 혹은 약물 치료 자체에 잘 반응하지 않는 사회 불안 장애 환자는 어떤 도움을 받을 수 있을까? 인지 행동 치료Cognitive Behavioral Treatment, CBT가 좋은 대안이 될 수 있다. 인지 행동 치료는 불안을 유발하는 잘못된 인지(생각)를 찾아내고 분석하여 교정하는 인지 치료와, 문제가 되는 행동 자체를 목표로 해서 교정을 통해 공포심을 수정하는 행동 치료로 이뤄진다. 쉽게 표현하면 잘못된 생각을 바꾸면 행동도 변화한다는 개념이다. 사회 불안 장애 환자들은 인지 행동 치료를 통해 불안의 신호를 인식하고 공포스러운 상황에서 자동으로 빠지는 생각의 함정을 재평가하는 방법을 터득해 나간다. 마른 들판 위를 번져 나가는 산불처럼 순식간에 타오르는 불안을 막기 위해 합리와 이성의 힘을 길러 진화 작업에 나서는 것이다.

물론 인지 행동 치료에도 장점만 있는 것은 아니다. 약물 치료에 비해 더 많은 비용이 들고, 환자는 많은 시간과 노력을 치료에 투자해야 한다. 또한 복잡한 심리적 문제를 갖고 있거나 학습 능력에 제한이 있는 사람에게는 효과적이지 않을 수 있다. 아울러 약물 치료처럼 일부 환자는 인지 행동 치료에만 잘 반응하지 않을 수도 있다.

자연스럽게 치료자는 고민에 빠지곤 한다. 사회 불안 장애와 맞서 싸우려는 환자에게 어떤 무기를 건네는 것이 최선일지 결정해야 하기 때문이다. 혹시 미리 반응을 예측해 더 효과적인 치료 방법을 선택해서 환자가 겪을 수 있는 불편함이나 시행착오를 줄일 수는 없을까? 최근 놀라운 속도로 발전하고 있는 뇌 영상학은 임상 현장에서 맞닥뜨리는 이런 질문에도 답을 줄 수 있다.

2013년 미국 메사추세츠 공과대학교 맥거번 뇌 연구소의 존

가브리엘리 교수의 인지 행동 치료 전후의 뇌 사진을 비교한 연구 결과에서 인지 행동 치료의 실질적 효과를 확인할 수 있다.[7] 자기 통제, 감정 조절과 관련된 뇌 영역에서 주목할 만한 변화가 관찰된 것이다. 연구진은 사회 불안 장애 환자 36명을 대상으로 그들의 증상이 어느 정도인지 살폈고 화난 얼굴, 중립인 얼굴, 그리고 여러 장면을 보여 주면서 기능적 자기공명영상으로 뇌 반응을 살폈다. 이후 12주 동안 인지 행동 치료가 진행되었고 치료가 끝난 뒤 불안 장애 증상이 변한 정도를 확인했다. 또한 뇌 영상 자료와 함께 살펴보니 화난 얼굴에 뇌의 배측과 복측 후방 측두피질이 강한 반응을 보였던 환자들의 증상이 인지 행동 치료 이후 호전되었다.

즉 특정 뇌 영역의 활성화와 긍정적인 치료 반응 사이의 관련성이 확인된 것이다. 보통 사회 불안 장애의 증상이 심할수록 치료에 잘 반응한다고 알려져 있는데, 이 연구에서 증상의 심각도는 치료 후 호전 가능성을 12퍼센트까지 예측했다. 그러나 뇌 영상 자료까지 같이 고려하면 약 40퍼센트까지 설명이 가능했다. 후속 연구에서 예측률이 점점 높아지고 있으므로 머지않아 뇌 사진을 바탕으로 개인별 안성맞춤 치료법을 권유할 수 있으리라 예상한다.

타인의 시선에 맞서

병원에서 수련을 받던 이십대 시절, 나는 사회 불안 장애에 관심이 많았다. 나 역시 사람들 앞에서 발표할 때 몸을 덜덜 떨고 다른 과 의사에게 말을 건넬 때면 으레 긴장하곤 했기 때문이다. 통계를 찾아보며 짧은 생각으로 나 같은 사람들이 많지 않을까 기대했지만 한국의 사회 불안 장애 평생 유병률은 0.3퍼센트에 불과하다. 서구 사회의 7~13퍼센트에 비하면 매우 낮은 편이다.[8]

이런 큰 차이는 어디에서 비롯하는 것일까? 많은 학자는 한국과 같은 아시아 문화권의 집단주의와 서구 사회의 개인주의에서 그 답을 찾는다. 집단주의 사회에서는 자신을 드러내기보다는 다수와의 조화가 더 중요해 겸손을 미덕으로 여기기에 '사회 불안'이라는 증상을 그다지 큰 문제로 여기지 않는다. 사소한 개인의 문제로 치부하는 것이다. 반면 자신이 중심이고, 돋보이는 것이 중요한 개인주의 사회에서는 개인의 사회 불안 증상을 주요한 문제로 다룬다.

모두가 지켜야 하는 규범과 규칙이 발달한 집단주의 사회에서는 사회 상황에서 나타나는 불안·공포·회피를 증상으로 받아들이는 기준 역시 개인의 주관적 판단보다는 사회의 암묵적 합의에 따르기 쉽다. 이로 인해 우리나라에서도 사회 불안 장애가 저인식·저평가·저진단 되는 것은 아닐까? 널리 쓰이는 사회 불안 척도 개발자이자 사회 불안 장애 연구에 오랫동안 매진해 온 미국의 마이클 리보위츠 교수는 약 30년 전 사회 불안 장애를 두고 '방치된 불안 장애'라고 말했다. 질환의 진단과 치료가 한탄스러울 정도로 잘 이루어지지 않는다는 의미였다.[9] 30년이 지났지만 한국에서는 이 주장이 여전히 유효하다는 생각이 든다.

일각에서는 사회 불안 장애라는 병명과 관련해 인간의 평범한 성격적 특성을 주요 정신질환으로 변모시켰다는 주장을 내세운다. 대표적인 예로 《만들어진 우울증》의 저자 크리스토퍼 레인 박사는 정신과 의사들이 이익 창출을 위해 제약 회사와 입을 맞춰 "약을 팔기 전에 병을 팔았다"고 주장했다. 1980년 이전에는 한 명도 없던 사회 불안 장애 환자가 불과 20년 뒤에 천만 명 이상으로 증가했다고 추산되는 상황에 대해 의혹의 눈초리를 보낸 것이다.

하지만 여러 문헌과 임상 현장의 경험을 되돌아보면 사회 상황에서 촉발된 불안·공포·회피로 고통받는 사람은 분명 존재한다. 진단 항목 A부터 J까지를 기계적 또는 자의적으로 대입해 별 문제 없는 사람을 환자로 몰아가는 것도 문제지만 정신질환에 대한 편견과 오해 때문에 정작 도움이 필요한 사람이 제때 치료를 받지 못하는 것 또한 심각한 문제다. 사회 불안 장애를 가진 사람들은 적절한 의학적 도움을 받아야 한다. 주변에서는 이들이 겪는 어려움을 소심한 성격이 아닌 객관적인 질환으로 이해해야 하고 사회적으로는 질환에 대한 전반적인 인식 개선을 제고하는 노력이 수반되어야 한다.

거식증과 폭식증

날씬해지고 싶은 욕망에 대하여

나의 몸무게 변천사

나는 뚱뚱하다. 여러 모임에 참석하다 보면 나보다 덩치가 더 큰 사람을 찾기가 여간 쉽지 않으니 확률적으로 뚱뚱한 쪽에 속한다. 체질량 지수BMI는 체중(킬로그램)을 키의 제곱(제곱미터)으로 나눈 값으로 값이 18.5~25일 때 정상 체중으로 여기는데 나의 현재 체질량 지수가 27이기 때문에 의학적 기준으로도 과체중에 속한다. 그리고 결정적으로 최근 10년간 사람들에게서 '핼쑥해졌다, 야위었다, 말랐다, 살이 빠졌다, 날씬해졌다' 같은 말을 전혀 듣지 못했다. 태어날 때부터 과체중은 아니었다. 2.9킬로그램의 비교적 작은 몸으로 태어나 그 시절 인기가 높았던 '우량아 선발 대회'와는 거리가 먼 체형이었다. 십대 시절에도 내내 체중이 70킬로그램을 넘어 본 적 없어 마른 축에 속했고 이십대에 살이 조금 붙긴 했지만 뚱뚱하다는 소리를 듣지는 않았다. 의과대학을 졸업할 때까지만 해도 나는 사회적 기준에서 지극히 '정상 체형'에 속했다.

문제는 정신과 수련을 받으면서 시작했다. 교수님과 의국 선배의 지도 아래 백지와 같았던 내 두뇌가 정신과 관련 지식으로 채워지는 것보다 더 빠른 속도로 체중이 늘기 시작했다. 결국 전공의 1년 차를 마칠 무렵에 체중은 약 12킬로그램이 늘어 있었다. 한 달에 1킬로그램꼴로 몸이 불어난 것이었다. 이때 이후로 나는 소위 말하는 '뚱뚱한 사람'이 되었다. 처음에는 살이 찐 것이 아니라 단지 부은 것이라며 애써 부인했지만 사람이 10년째 부어 있을 수는 없다. 이제는 눈물을 머금고 과체중인 내 몸을 인정한다.

체중이 급격하게 불어났던 그때 과연 무슨 일이 있었던 것일까? 적게 움직이고 많이 먹었던 그 시기는 병원에서 많은 시간을 보내던 때라 활동량이 준 것은 쉽게 설명되는데 과식을 하게 된 이유는 명확하지 않다. 혹시 힘든 1년 차 생활에서 받은 스트레스 때문에 많이 먹었기 때문일까? 하지만 이런 논리라면 그 이전에도 사귀던 연인에게 차였을 때, 재시험에 걸렸을 때, 의사 고시를 준비했을 때에도 체중이 증가했어야 한다. 즉 스트레스만으로는 늘어난 체중이 잘 설명되지 않는다. 다른 이유는 정말 없을까? 2013년 미국의 버클리 캘리포니아 대학교에서 신경과학을 연구하는 메튜 워커 교수는 수면 부족이 체중 증가로 이어질 수 있다는 점을 밝혔다.[1] 잠이 부족하면 아데노신이라는 대사 활동 물질이 증가하는데 본래 아데노신은 수면을 유도하고 신경을 억제한다. 뇌 신경 사이의 교신이 둔화되면 전두엽의 판단력이 흐려지고 식욕을 관장하는 부분이 활성화되어 고칼로리 음식을 찾게 된다는 보고였다.

수면과 식욕의 관계

연구진은 뇌 전체가 아닌 식욕과 음식에 관련된 특정 뇌 영역에 관심을 기울였다. 일반적으로 음식에 대한 욕구와 음식 자극을 평가하는 것에 뇌의 피질 부분과 피질하 부분이 각기 다른 방식으로 관여하는 것으로 알려져 있다. 피질 부분은 식욕의 평가, 즉 자신이 선호하는 바에 따라 다양한 음식에 순위를 매기는 것을 담당하는데 전측 섬엽, 외측 안와 전두피질, 전방 대상피질이 이에 속한다. 반면에 피질하 부분은 일종의 '보상 중추'로서 먹고자 하는 욕구를 조정하는 역할을 수행하는데 편도체, 복측 선조체가 이에 속한다. 연구 결과에서 참가자들이 밤을 샌 뒤 음식 사진을 볼 때 피질 부분에 해당하는 세 영역이 덜 활성화하는 것으로 나타났다. 반면에 피질하 부분에서는 음식 자극의 강도가 현저하게 높을 때 더 반응을 잘하는 편도체의 활성도가 증가한 소견이 관찰되었다. 그러나 복측 선조체의 상대적인 활성화는 나타나지 않았다. 이 결과는 잠을 잘 자지 못하면 복잡한 의사결정 과정을 담당하는 뇌 바깥 영역의 활동은 감소하고 보상에 반응하는 뇌 안쪽 영역의 활동이 증가함을 보여 준다. 과장해서 표현하면 이성의 끈은 놓아 버린 채 원초적인 본능에 충실한 상태가 되는 것이다. 그래서일까? 연구 참가자들은 밤을 새운 뒤 살찌기 쉬운 음식, 즉 열량이 높은 음식을 더 원하는 것으로 나타났다. 잠을 잤을 때와 비교했더니 전체 열량은 무려 600칼로리의 차이가 났다. 그런데 열량이 높은 음식을 원하는 정도는 주관적으로 졸린 정도와 비례하고 있었다. 즉 수면 부족에 시달린다면 자신도 모르게 높은 열량의 음식에 손이 갈 확률이 증가하는 것이다.

종합해 보면 수면 부족은 뇌에서 의사 결정과 판단을 담당하는 영역을 둔하게 만들고 욕구와 보상에 관련된 영역을 활발하게 만드는 것으로 보인다. 아울러 열량이 높은 음식을 더 원하게 되는데 수면이 부족할수록 이러한 정도는 더 증가한다. 이제 짧은 기간에 급격히 몸무게가 늘었던 이유를 알 것 같다. 1년 차

때 밤 근무가 많았고 이로 인한 만성적인 수면 부족으로 날렵했던 몸이 과체중의 길로 들어선 것이다.

살이 찌고 나니 전에 입던 바지가 꽉 끼는 것과 같은 소소한 불편함이 생겼다. 학생 시절의 내 모습을 기억하는 사람들에게 변한 나의 체중은 충격으로 다가왔나 보다. "살 많이 쪘네" "얼굴 좋아졌네" "아저씨 됐네"와 같은 이야기를 한두 번 들을 때는 그냥 웃어넘길 수 있었지만 여러 번 되풀이해 듣다 보면 언짢아지기도 했다. 그래서 살을 빼 보기로 했다. 공원을 걷고 자전거로 출퇴근을 하고, 지하철이나 버스에서 앉지 않고 체육관을 등록하고, 병원에서 엘리베이터 대신 계단을 이용하는 등 활동량을 늘리는 데 노력했다. 그러나 체중은 줄지 않았다. 수면이 부족해 뚱뚱하다는 변명은 더 이상 통하지 않았다. 전공의 연차가 쌓이면서 병원에서 당직을 서는 횟수는 점점 줄었고 4년 차 때부터는 아예 당직을 서지 않았기 때문이다.

뭐가 문제였을까? 문제는 음식의 양 조절이었다. 맛있는 음식만 보면 체중 감량의 결심은 온데간데없이 사라져 국물 한 방울도 남기지 않고 해치웠기 때문이다. 살찌기 전에는 밥상에서 숟가락을 놓는 것이 그렇게 어렵지 않았는데 살찌고 나서는 너무 어렵고 힘든 일이 되어 버렸다. 혹 뚱뚱해진 것이 나의 뇌에 어떤 영향을 끼친 것은 아니었을까? 2010년 텍사스 대학교에서 연구를 진행했던 심리학 교수 에릭 스타이스의 보고는 나의 의

심이 충분히 근거가 있다는 것을 확인해 준다.[2] 연구에 참여한 참가자는 총 26명의 과체중 여성으로 이들의 평균 체질량 지수는 27.8이었다. 앞서 말했듯이 정상 지수는 18.5~25이다. 연구진은 이들이 달달한 초콜릿 셰이크와 맛없는 음료를 마시는 동안 기능적 자기공명영상을 이용해 이들의 뇌 반응을 살폈다. 연구에 사용된 초콜릿 셰이크는 하겐다즈 바닐라 아이스크림 4스푼, 우유 1.5컵, 허쉬 초콜릿 시럽 2스푼으로 만들었고 반면에 맛없는 음료는 열량이 없고 아무 맛도 느껴지지 않도록 주조한 인공 음료였다. 6개월 뒤 참가자들은 같은 실험을 한 번 더 반복했다.

연구진은 참가자를 연구 기간 동안 체중이 증가한 집단, 체중을 유지한 집단, 체중이 감소한 집단, 세 가지로 나눠 뇌 영상 분석을 시행했다. 그 결과 체중이 증가한 집단에서 맛있는 초콜릿 셰이크를 음미할 때 관찰되는 우측 미상핵의 활성도가 6개월 사이에 감소한 것으로 나타났다. 그러나 체중을 유지하거나 체중이 감소한 집단에서는 이런 소견이 관찰되지 않았다.

우리가 진수성찬을 먹을 때 행복해지는 이유는 뇌의 선조체(미상핵과 피각으로 이루어진 기관)에서 도파민dopamine이라는 신경전달 물질이 분비되기 때문이다. 이 연구에서도 참가자가 초콜릿 셰이크를 마실 때 유쾌해지는 기분이 선조체의 활성화를 통해 확인된다. 그런데 6개월 동안 체중이 증가한 참가자가 다시 초콜릿 셰이크를 마실 때 선조체가 덜 활성화한 것은 예전만큼 기분이 좋아지지 않는다는 것을 의미한다.

또한 연구진이 6개월 사이에 나타난 참가자 체질량 지수와 초콜릿 셰이크를 음미할 때 우측 미상핵 활성화의 변화를 살펴보니 반비례하는 경향이 나타났다. 즉 체중이 증가할수록 미상핵의 활성화가 감소하고 있었다. 이는 과식을 해 체중이 증가하면 음식을 먹을 때 즐거워지는 것을 담당하는 뇌의 보상 회로가 둔해진다는 것을 의미한다.

정리하자면 과식으로 과체중이 되면 맛있는 음식에 반응하는 뇌의 미상핵의 활성도가 약해져 뇌의 보상 회로에 일종의 결함이 발생한다. 이로 인해 과거에 맛있게 먹었던 음식을 먹어도 전처럼 기쁘지 않기 때문에 고개를 갸웃거리며 혹 덜 먹어서 그런 것은 아닐까 하며 음식을 더 먹게 된다. 즉 뚱뚱해지면 보상 회로는 더 둔해지고 이는 다시 더 먹는 것으로 이어지는 일종의 악순환이 생기는 것이다. 체중 감량이라는 절실한 목표가 맛있는 음식 앞에서 허무하게 무너져 버리는 이유가 여기에 있다.

푸근한 몸과 성격

흔히 뚱뚱한 사람이 성격이 좋다고 말한다. 마른 사람들은 뭔가 예민하고 까다로워 보이는 데 반해 뚱뚱한 사람은 성격도 체형처럼 둥글둥글해 보인다. 화가 페르난도 보테로가 그린 〈모나리자〉는 원작보다 살집이 있는 체형이다. 알 듯 모를 듯한 미소로 세계인을 매혹시킨 레오나르도 다 빈치의 〈모나리자〉보다 유쾌하고 푸근해 보인다. 정말 뚱뚱한 사람은 성격이 좋을까? 후지타 보건대학교의 연구진이 국제 저널 〈심신증 연구〉에 발표한 연구에 따르면 사교적이고 활발하면 뚱뚱하고, 걱정이 많고 예민하면 몸이 마르는 경향이 있다고 한다.[3] 이 연구 결과는 뚱뚱한 사람이 성격이 좋다는 통념과 맞아 떨어져 보인다. 그러나 이는 일본인에게서만 관찰되었을 뿐 미국이나 이탈리아에서는 확인되지 않았다.[4] 이처럼 일관되지 않는 결과는 사람의 성격을 조사한 방법 혹은 횡단적cross-sectional 연구 특성 때문으로 성격과 체중 사이의 상호 영향에 대한 의문을 풀기에는 미흡해 보인다.

이런 측면을 고려하면 2011년 미국 국립보건원 소속으로 연구를 진행한 심리학 교수, 안젤리나 수틴이 볼티모어 노화 종단 연구의 자료를 바탕으로 발표한 연구 결과는 큰 의미를 지닌다.[5] 볼티모어 노화 종단 연구는 사람이 나이를 먹어 가면서 어떤 변화가 나타나는지 살피기 위해 미국 국립노화연구소가 진행하는 연구로 1958년에 시작해 현재도 진행되고 있다. 지금도 1300여 명의 사람들이 1~4년마다 연구소를 방문해 약 사흘 동안 건강·인지·기능 평가를 받고 있으며 이를 바탕으로 다양한 연구 결과가 발표되었다. 연구진은 1998명의 체중과 성격을 각각 체질량 지수와 다섯 가지 요인 성격 모형the Five-Factor Model, FFM을 통해

50년 동안의 변화 추이를 살폈다. 이 성격 모형은 성격을 신경증·외향성·경험에 대한 개방성·원만성·성실성 이렇게 다섯 가지로 분류하는데 이는 다시 여섯 개의 세부 항목으로 나뉜다. 분석 결과 다섯 가지 요인 중 원만성이 성인의 체질량 지수 변화와 연관이 있었다. 원만하지 못한 사람, 즉 다른 사람에게 적대적인 성격의 사람이 나이가 들면서 더 뚱뚱해진 것이다. 이런 사람은 특히 냉소적이고 공격적이고 거만한 특성을 갖고 있었다.

성격의 세부 항목을 살펴보니 신경증의 충동성과 외향성의 자극을 추구하는 성향이 체질량 지수 증가와 연관되는 것으로 나타났다. 충동적인 사람이 나이를 먹으면서 그렇지 않은 사람보다 더 뚱뚱해진 것이다. 충동성은 체중 증가에 큰 영향을 끼치고 있었는데 평균적인 충동성을 기준으로 상위 25퍼센트와 하위 25퍼센트인 사람들의 체질량 지수 차이가 30세에 2.3이었지만 90세에는 이 차이가 5.22로 증가했다.

특정 성격을 지닌 사람들이 나이를 먹으면서 왜 더 뚱뚱해진 것일까? 충동적인 사람은 유혹에 약하고 자극적인 것을 추구하는 경향이 있는데 음식이 그런 유혹과 자극이 될 수 있다. 이들은 맛있는 음식 앞에서 식욕을 조절하기가 어렵기 때문에 시간이 지날수록 뚱뚱해질 수 있다.

원만하지 못한 사람은 일상생활에서 자주 스트레스를 겪는데 이는 혈압 상승과 같은 신체적 변화, 인터루킨-6과 같은 염증

물질의 분비로 이어진다. 문제는 스트레스의 원인이 사라진 뒤에도 이러한 생리적 변화가 지속되는데 이러한 스트레스로 인한 체내의 염증성 반응은 체중 증가와 연관되는 것으로 알려져 있다.

특정 성격이 체중 증가로 이어지는 것을 확인했는데 그렇다면 그 반대도 가능할까? 즉 뚱뚱해지면 성격이 충동적이고 원만하지 못한 쪽으로 변하기도 할까? 혹은 그 외 다른 성격이 나타나기도 할까? 수틴 교수의 연구 결과만 놓고 보면 그럴 가능성은 낮아 보인다. 체질량 지수는 시간이 지나도 다섯 가지 요인 성격 모형의 어느 종류에도 영향을 미치지 않았기 때문이다. 체중 증가는 자존감이 낮아지는 등의 심리적 변화를 일으킬 수 있지만 한 사람을 정의할 수 있는 성격 전반에는 별다른 영향을 끼치지 못하는 것으로 보인다.

여기까지 살펴보니 마음이 조금 우울해진다. 과체중인 것도 왠지 서러운데 성격마저 충동적이고 원만하지 못하다니. 그러나 너무 낙담할 필요는 없다. 원치 않는 체중 증가는 성격 외에 신체적 활동·식사량·유전자·호르몬·건강 상태·약물·가정 환경과 같은 여러 다른 요소의 영향을 받기 때문이다. 또한 비만 유전자로 알려진 *FTO* 유전자의 변이형이 있는 사람들에서 우울증 발병 가능성이 감소하는(비록 8퍼센트이긴 하지만) 희망적인 연구 결과도 있으니 비만을 특정 성격과 연관시키는 것은 주의할 필요가 있다.

과체중 어린이에 대하여

영국의 한 연구에 따르면 7세 때 수학과 읽기 실력이 높을수록 35년이 지나 42세가 되었을 때 많은 연봉, 안정된 직업, 좋은 집으로 대변되는 사회·경제적 지위가 높다고 한다.[6] 어릴 적의 기본 학습 능력이 가정 환경, 지능, 학업 열의보다 인생 전체에 끼치는 영향이 더 큰 것으로 드러난 것이다. 이런 관점에서 보면 과체중 어린이는 훗날 사회·경제적 지위가 낮을지도 모르겠다. 미국에서 6250명의 어린이를 유치원 시절부터 초등학교 5학년까지 관찰한 연구에서 시종일관 과체중을 유지한 어린이는 정상 체중이거나 후천적으로 과체중이 된 친구들에 비해 수학 실력이 뒤처지는 것으로 나타났기 때문이다.[7]

과체중 어린이의 수학 실력은 왜 낮은 것일까? 혹시 뚱뚱하면 몸이 둔해지는 것처럼 머리도 둔해지는 것일까? 앞서 언급한 미국의 연구 결과를 살펴보면 그 이유는 과체중 어린이의 머리가 나빠서가 아니라 불안·외로움·낮은 자존감·우울과 같은 내면화 행동internalizing behaviors 성향 때문이었다. 내면화 행동은 뚱뚱한 어린이가 또래 사이에서 인기가 없고 거부나 따돌림을 겪는 중에 자신의 행동을 억제하고 표현하지 못하면서 나타난다. 뚱뚱한 체형으로 인해 발생한 심리적 문제가 어린이의 학업 성취도에까지 부정적 영향을 주게 되는 것이다.

한국교육개발원의 2011년 보고서를 살펴보면 한국의 과체중 어린이도 비슷한 상황에 놓여 있다.[8] 비만인 초등학교 6학년 학생의 수학 성적이 비만이 아닌 학생들의 성적과 큰 차이를 보이는 것이다. 또한 비만 학생들의 자존감·학교생활 만족도·인간관계 만족도가 낮게 나타났고 우울한 정도와 따돌림을 경험한 빈도는 높게 나타났다. 과체중 어린이를 대할 때 단순히 체중 감량에만 신경을 쓸 것이 아니라 이들의 상처받은 내면을 보듬는 노력이 필요하다는 것을 시사하는 대목이다.

나는 어렸을 때 날씬했으니 혹시라도 머리가 나빠지는 않았겠다면서 안심하는 사람들이 있을지 모른다. 그러나 영국의 중년 6401명을 추적 관찰한 연구 결과를 고려하면 나이를 먹어서도 긴장의 끈을 놓아서는 안 될 것 같다.[9] 10년이란 시간이 지난 뒤 날씬한 사람에 비해 뚱뚱한 사람의 전반적 인지 기능이 더 빠르게 감소했기 때문이다. 그런데 이 결과에는 한 가지 단서가 더 붙는다. 비만에 대사 이상 즉, 고혈압·이상지질혈증·당뇨 같은 이상 소견이 동반될 때 그 위험성이 증가했다.

의과대학 시절 뇌혈관 질환의 위험 인자를 쓰는 문제를 만나면 안심하곤 했다. 답안에 '비만obesity' 한 단어만 써도 영점 처리는 피할 수 있었기 때문이다. 그만큼 비만이 뇌혈관 질환과 깊은 연관이 있다. 이는 큰 혈관에 이상이 생기는 뇌졸중부터 작은 혈관이 막히는 열공성 뇌경색까지 뇌의 여러 이상 소견이 비만인 사람의 급격한 인지 기능 저하에 영향을 주고 있음을 의미한다.

뒤집어 생각하면 체중을 잘 관리하고 대사 이상과 연관성을 갖는 복부 비만(내장 지방)을 줄이는 것이 나이 들어서도 똑똑함을 유지하는 한 방법이 될 수 있다.

식욕 부진증과 폭식증

강렬한 록 음악이 대세였던 1970년대, 록과 정반대 분위기의 곡으로 대중 앞에 나섰던 팝 그룹이 있었다. 오빠 리처드와 여동생 카렌, 이렇게 남매로 구성된 미국의 팝 그룹 카펜터스는 부드럽고 달콤한 음악으로 큰 인기를 끌었다. 인기의 비결은 오빠 리처드의 뛰어난 작곡 능력과 동생 카렌의 부드럽고 감미로운 저음 보컬에 있었다.

하지만 1983년 신경성 식욕 부진증으로 카렌이 사망하면서 우리는 더 이상 그의 매력적인 목소리를 듣지 못하게 되었다. 청소년 시절에 통통했던 카렌은 25세이던 1975년부터 오랫동안 체중 감량에 집착하는 모습을 보였다. 한때 체중을 40킬로그램까지 줄였고 마른 체중을 유지하기 위해 굶는 것뿐 아니라 설사약, 구토약, 심지어 갑상선 호르몬제까지 복용했다. 점차 체력이 떨어지기 시작한 카렌은 무대 뒤에서 중간중간 휴식을 취해야 했고 공연 도중 실신한 뒤에는 심각성을 인지하고 치료를 받기 시작했다.

하지만 치료 후에도 카렌의 극단적인 소량 식사와 약물 오·남용은 계속되었다. 사망하기 6개월 전인 1982년 9월, 체중이 35킬로그램까지 감소해 병원에 입원했고 경정맥 영양 공급을 통해 45킬로그램까지 체중을 가까스로 회복했다. 그러나 이듬해 2월, 집 안에서 심장마비로 숨진 채 발견되었는데 공식 사인은 토근 중독으로 인한 심부정맥이었다. 토근은 브라질산 식물의 뿌리에서 채취한 성분을 이용한 약물로 대용량 복용 시 구토를 유발하며 장기 복용 시 심장 근육의 손상을 유발한다. 그의 죽음은 당시 대중에게 낯설었던 신경성 식욕 부진증이란 병의 심각성을 일깨우는 계기가 되었다.

카렌이 사망한 지 30년이 훌쩍 지난 요즘, 섭식 장애eating disorder는 한국에서도 사회 문제로 대두되고 있다. 건강 보험 심사 평가원의 통계에 따르면 2012~2016년 사이 거식증 환자의 수는 매년 평균 2800명에 달하며 진료비 또한 7억 4천만 원에서 11억 8천만 원으로 연평균 12.3퍼센트 증가했다. 폭식증의 경우 5년 동안 3441명에서 3559명으로 118명이 증가했으며 진료비 역시 6억 7천만 원에서 8억 3천만 원으로 연평균 5.5퍼센트 증가했다.

섭식 장애를 가진 사람들이 증가 추세에 있는 이유는 날씬함을 미의 기준으로 제시하는 사회적 분위기나 압력 때문이다. 대중 매체에서 선보이는 미의 기준은 한결같이 날씬한 몸이다. 또한 한창 잘 먹고 성장해야 할 청소년이 살찌는 것을 두려워해 식단을 조절하고 젊은 구직자는 업무 지식을 갖추는 대신 살을 빼 사회가 만들어 낸 이상형에 가까워지려 노력한다. 직장인은 상사에게 날씬해 보인다며 아부해 점수를 따는 것이 지금 우리 사회의 현실이다.

실제 서태평양의 피지에서 시행된 연구 결과를 보면 사람들의 체중과 관련된 인식이 사회의 영향을 많이 받는다는 것을 확인할 수 있다. 전통적으로 피지 사람들은 왕성한 식욕과 풍만한 몸매를 선호했고 운동이나 다이어트를 통해 체중을 줄여 날씬해지는 것은 사회적으로 권장하지 않았다. 하지만 1995년 텔레비전 방송이 시작되면서 사람들이 〈베벌리힐스 아이들〉 같은 '늘씬한' 선남선녀가 등장하는 서구의 방송 프로그램을 시청하자 변화가 나타나기 시작했다. 3년이 지난 1998년에 여자 청소년의 체질량 지수는 변하지 않았지만 그 전에는 전혀 없었던 체중을 줄이기 위한 구토 유발 경험이 11.3퍼센트로 보고되었다. 또한 74퍼센트가 자신이 너무 크거나 뚱뚱하다고 스스로 느끼고 있었으며 69퍼센트가 다이어트를 하고 있는 것으로 나타났다. 아울러 집에 텔레비전이 있는 사람들은 없는 사람들에 비해 세 배 이상 비정상적인 섭식 태도를 보였다.

흔히 거식증과 폭식증으로 표현되는 섭식 장애의 두 유형의 의학적 공식 명칭은 신경성 식욕 부진증anorexia nervosa과 신경성 폭식증bulimia nervosa이다. 신경성 식욕 부진증 환자는 식사를 거부하고 체중 감소를 추구하면서도 역설적으로 음식과 식사에 강박적으로 집착한다. 또한 극도로 말랐는데도 왜곡된 눈으로 자신의 신체를 인지하여 스스로를 뚱뚱하다고 여기며 자신의 저체중을 인정하지 않는다.

반면 신경성 폭식증 환자는 체중은 정상이거나 정상을 약간 넘긴 경우가 많다. 짧은 시간 안에 많은 양의 음식을 섭취하고 먹는 동안 조절을 하지 못하는 양상으로 환자는 반복적 폭식을 한다. 아울러 늘어난 체중을 보상하기 위해 구토를 하고 약물을 복용하며 극단적 단식과 과도한 운동을 하게 된다.

두 섭식 장애는 사회적 영향에서도 차이를 보인다. 앞서 보았던 피지처럼 왕성한 식욕과 풍만한 몸을 아름답다고 여기는 카리브해 남부 네덜란드령 엔틸리스 제도의 퀴라소에서 시행된 연구 결과를 보면, 이곳 역시 텔레비전 프로그램을 시청하면서 섭식 장애가 증가했지만 신경성 폭식증만이 도시화라는 사회적 영향을 받은 것으로 나타났다. 신경성 식욕 부진증의 발병률은 신경성 폭식증에 비교해서 사회 문화적 영향을 덜 받는 것으로 알려져 있다. 또한 지금과는 다른 문화를 향유했던 과거에도 병적으로 마르는 것을 추구했던 사람들이 종종 있었기 때문에 신경성 식욕 부진증의 발병에는 생물학적 영향이 더 많이 관여하는 것으로 보인다.

한국의 경우 2018년 청소년 건강 행태 조사에 따르면 '신체 이미지 왜곡 인지율'이 전체 학생의 24.2퍼센트, 여학생의 30.4퍼센트에 이르고 있다. 신체 이미지 왜곡 인지율이란 체질량 지수 기준 85백분위수 미만인 자 중에서 자신의 체형을 살이 찐 편이라고 인지하는 사람의 분율을 뜻한다. 적지 않은 수의 매우 마른 학생들이 자신을 뚱뚱하다고 여기는 것이다. 또한 전체 학생의 33.6퍼센트, 여학생의 43.5퍼센트가 최근 한 달 동안 체중 감소를 위해 노력한 적이 있다고 응답했다.

마르고 싶은 열망은 극단적인 식사 거부, 무분별한 약물 복용, 식사 후 구토처럼 몸에 해로운 방식의 다이어트 시도로 이어질 수 있다. 나아가 신경성 식욕 부진증 환자들은 이미 지나치게 말랐는데도 여전히 자신을 뚱뚱하다고 여긴다. 신체 모습에 대한 왜곡은 깡마른 체형부터 뚱뚱한 체형까지 단계적으로 보여주면서 자신이 어디에 속하는지 결정하는 검사에서 잘 확인된다. 독일의 한 연구진은 신경성 식욕 부진증 환자들과 일반인에게 자신의 체형을 평가하도록 했고, 동시에 공정한 평가단도 이들의 체형을 평가하도록 했다. 그 결과 평균 체질량 지수가 22였던 일반인은 과대 평가를, 평균 체질량 지수가 16이었던 환자들은 과소 평가를 하는 정반대의 모습을 보였다. 즉 일반인은 마르고 싶은 욕심을 담아 스스로를 날씬하다고 생각했지만 환자들은 말라 있는데도 스스로를 뚱뚱하다고 여겼다.

환자들의 뇌 사진 속에서도 차이가 확연히 드러났다. 환자들이 자신의 체형에 대해 잘못 판단할수록 뇌의 왼쪽 선조외 신체 영역 부위 안의 회색질 밀도가 감소하는 것으로 나타났다. 시각 정보를 처리하는 이곳에 생긴 구조적 결함으로 인해 신경성 식욕 부진증 환자가 자기 몸을 바라볼 때 스스로를 실제보다 뚱뚱하다고 잘못 판단한다고 해석할 수 있다. 실제로 인지 행동 치료를 받은 환자들의 뇌에서 이곳의 활성도가 증가했는데 이는 치료를 통해 뇌가 변화하면서 왜곡된 신체 인지도 호전되었음을 반증한다.

바비 인형의 영향력

1959년에 태어난 바바라 밀리센트 로버츠, 일명 바비는 약 60년 동안 패션 인형의 아이콘으로 전 세계 여자아이들의 공식적인 장난감이었다. 바비 인형은 의사·군인·외교관·스포츠 선수 등 능동적인 여성상을 제시하며 긍정적 영향을 줬다는 평가도 있지만, 동시에 모두가 쫓아야 할 비현실적인 아름다움의 기준이 되어 부정적 영향을 줬다는 평가도 존재한다.

한낱 인형이 실제 영향을 끼치는지 회의적인 시각이 있을 수 있다. 그러나 한 연구 결과에 의하면 바비 인형에 노출된 여자 어린이는 그렇지 않은 아이들에 비해 신체 자존감이 낮았고 마른 체형을 더욱 바라는 것으로 드러났다. 물론 대체로 나이가 들면 인형을 더 이상 닮고 싶은 대상으로 여기지 않게 되지만 너무 어린 나이에 비정상적 체형의 인형에 노출되면 신체 이미지에 문제가 생겨 섭식 장애나 체중의 빠른 변동 같은 위험성이 커진다.

한국에서는 아이돌 걸그룹이 오랫동안 바비 인형의 역할을 의도치 않게 수행하고 있다는 생각이 든다. 무대에서 반짝반짝 빛이 나는 그들을 보고 있으면 자연스럽게 그들의 노래, 패션, 화장 그리고 체형도 닮고 싶은 법이다. 불과 몇 년 전만 해도 인터넷에서 걸그룹의 인물 정보를 검색하면 이들의 키와 체중을 확인할 수 있었다. 이들의 체질량 지수를 계산해 보면 대부분 정상치를 크게 밑돌았다.

현재 사회 전반의 인식 변화로 더 이상 걸그룹의 체형에 관한 구체적인 정보가 포털 사이트의 인물 정보에 표기되지 않는 것은 바람직한 현상이다. 어린이나 청소년의 머릿속에 여과 없이 전달되던 구체적인 수치가 사라지는 것만으로도 왜곡된 기준을 바꿔 나가는 첫걸음이 될 수 있다. 해외에서도 비슷한 노력이 시행되고 있는데 지나치게 마른 모델을 규제하는 법이 속속 만들어지고 있는 것이다. 2012년 이스라엘 정부는 체질량 지수가 18.5 이하인 패션모델이나 광고 모델의 자격을 박탈하는 법을 통과시켰다. 아울러 모델이 더 날씬해 보이도록 사진을 보정하는 경우에는 반드시 그 사실을 사진에 명기하도록 했다. 2017년 프랑스 정부는 패션 업계의 항의를 받아들여 체질량 지수로만 활동 여부를 결정하지 않고 대신 적법한 건강 증명서를 받은 모델만 일할 수 있는 법을 시행했다. 만약 이를 어기면 모델을 고용한 회사는 약 9천만 원의 벌금을 물고 최대 징역 6개월의 형에 처해진다.

문화 영역에 법적인 잣대를 들이대는 것에 불편함을 느끼는 사람들이 있을 수 있다. 마치 1970년대에 경찰이 여성의 치마 길이와 남성의 장발을 단속하거나 1990년대에 연예인의 염색과 노출을 제지하던 때처럼 말이다. 하지만 많은 나라에서 강력한 대응책을 마련하는 이유는 신경성 식욕 부진증 환자의 높은 사망률 때문이다. 신경성 식욕 부진증 환자의 10년 평균 사망률은 5.6퍼센트로 정신과 단일 질환 중 가장 높다. 사망률이 높은 이유는 극단적인 체중 감량이 심각한 전신 쇠약을 유발해 신체 전체의 기능이 떨어지기 때문이다. 또한 다른 정신질환, 특히 우울증 같은 기분 장애를 동반하는 경우가 많다. 신경성 식욕 부진증 사망자 다섯 명 중 한 명은 자살이었다. 신경성 식욕 부진증에 대한 적극적 치료와 사회적 대안 마련이 필요함을 보여 주는 대목이다.

몇 년 전 미국에 여행을 갔을 때 잠시나마 마음이 편했던 순간이 있었다. 나만큼이나 뚱뚱한 사람들이 많았기 때문이다. 내가 상대적으로 덜 뚱뚱한, 아니 날씬한 사람이 되자 심지어 의기양양해졌다. 그러나 옷을 사러 아베크롬비 브랜드 매장에 들어

가면서 자신감이 사라지기 시작했다. 웃통을 벗은 채 청바지만 입고 있는 몸매 좋은 청년들이 입구에서 인사를 건넬 때 다시 현실감이 돌아왔다. '아, 나는 뚱뚱한 사람이지.'

편하게 입을 후드 티를 고르는데 다행히 내 몸에 맞는 크기의 옷이 있었다. 안도한 이유는 아베크롬비가 엑스라지, 엑스엑스라지처럼 뚱뚱한 여성을 위한 크기의 옷이 없는 것으로 악명높기 때문이었다. 뚱뚱한 사람이 매우 많은 미국에서 아베크롬비가 이처럼 특이한 사업 전략을 고수했던 것은 최고 경영자 마이클 제프리스의 방침에서 비롯되었다. 그는 2006년 미국의 온라인 매체 〈살롱〉과 한 인터뷰에서 멋지고 잘생긴 고객만을 목표로 하며 소외되는 고객이 발생하는 것은 당연하다고 밝혔다.[10] 이 기사는 2013년 〈비즈니스 인사이더〉에 인용되면서 아베크롬비 불매 운동의 단초를 제공하기도 했다.

과연 마이클 제프리스만 유별나고 편견에 사로잡힌 사람일까? 그렇지 않을 것이다. 많은 사람이 뚱뚱한 사람을 둔하고 게으르고 의지 박약이라고 여기는데 이는 다시 부정적 태도와 차별로 이어지기 쉽다. 과거에는 날씬했다가 비교적 근래에 뚱뚱해진 나 역시 "문학과 클래식 음악을 사랑합니다" 하면 예전에는 "오!" 했던 반응이 요즘에는 "응?"으로 바뀐 것을 피부로 느끼고 있다. 문제는 뚱뚱한 사람이 체중과 관련된 차별을 경험하면 그렇지 않은 사람에 비해 더 뚱뚱해지고 심지어 과체중인 사람도 추후 비만으로 바뀔 가능성이 높아지는 점이다. 편견으로 스트레스를 받으면 폭식을 하거나 스스로를 운동과 먼 사람으로 여겨 신체 활동 자체가 줄기 때문이다.

그렇다면 청소년들의 건강한 섭식 태도와 마음가짐을 위해서는 어떻게 해야 할까? 피지의 청소년을 대상으로 한 최근 연구에 따르면 텔레비전을 시청하거나 인터넷을 사용하는 것은 비정상적인 섭식 태도와 연관성을 보이지 않았다. 대신 학교나 동네 친구들 사이에서 씬스피레이션thinspiration에 노출되는 것이 유의미한 관련성을 보여 줬다. 씬스피레이션은 '날씬한thin'과 '영감inspiration'을 합친 말이다.

최근 SNS에서 허벅지 사이 공간을 찍어 올리는 '허벅지 틈thigh gap', A4 용지로 허리를 가리고 인증하는 'A4 허리', 숨을 깊게 들이마셔 앙상한 갈비뼈를 드러내는 '흉곽 으스대기ribcage bragging' 등의 씬스피레이션이 유행하고 있다. 관련 자료가 너무 많아 웹상에서 자료를 찾기란 그리 어렵지 않다. 이는 굉장히 위험한 현상이다. 날씬하고 마른 몸매를 유지하도록 자극하는 자료나 방법으로 신체에 대한 왜곡이 극단으로 흐르면 '거식증anorexia'을 '좋아서pro' 선택하는 '프로아나pro-ana족'으로 발전하기까지 한다.

그렇다면 피지에서 텔레비전이 보급되면서 섭식 장애가 증가한 것을 반면교사로 삼아 SNS도 규제하고 막아야 할까? 이를 막기 위해선 다른 대책이 필요하다. 청소년기에게는 또래 집단에서 자기나 다른 사람의 몸매를 소재로 나누는 대화, 일명 '팻토크fat talk'의 영향이 크기 때문에 뭔가를 못 하게 하는 표면적인 제지보다는 획일화된 미의 기준을 바꾸는 근본적인 노력이 필요하다.

아울러 섭식 장애에 대해 제대로 알고 환자를 대하는 가족과 주변의 노력이 매우 중요하다. '그 쉬운 것을 왜 못해' 하며 환자를 비난하거나 '저러다 말겠지' 하고 방치하거나 '뚱뚱한 것보다는 낫지' 하며 섭식 장애를 더 조장하는 것은 매우 위험한 생각이다. 섭식 장애는 2005년 세계보건기구가 국가에서 최우선으로 치료해야 할 청소년 질환 중 하나로 주목한 만큼 사회적으로 많은 관심이 필요하다.

수집광

차마 버릴 수 없는 물건들

잡동사니에 대한 애착

2002년 한 노인이 영국 헤링게이에 있는 요양원에서 여든셋의 나이로 숨을 거두었다. 그저 평범한 노인의 죽음이었지만 여러 일간지에 그의 부고 기사가 실렸고 BBC에서는 한 시간 분량의 특집 프로그램이 방영되었다. 노인의 이름은 에드먼드 트레버스로 1999년부터 2006년까지 BBC에서 방영된 〈오물의 삶〉이란 리얼리티 프로그램에 출연해 영국에서 유명세를 치른 인물이었다.

당시 방송에선 오래된 냉장고, 부패한 옷, 두꺼운 판유리, 부서진 비스킷 상자, 그리고 동네에서 모은 잡동사니로 가득 찬 정원과 다섯 개의 침실이 있는 그의 집이 소개됐다. 집 안에 그가 모은 물건의 양은 모두의 상상을 초월했다. 정원은 그야말로 쓰레기로 가득 차 있었고 집주인인 그마저도 사다리를 이용해 집에 드나들었다. 만약 이런 이웃이 있다면 산더미처럼 쌓인 쓰레기에 눈살이 찌푸려지고 진동하는 썩은 내로 코를 막고 들끓는 쥐떼에 골치가 아파 엄청난 스트레스를 받았을 것이다.

한국에서도 종종 〈세상에 이런 일이〉 또는 〈긴급출동 SOS 24〉 같은 방송 프로그램에서 트레버스와 비슷한 사람을 소개한다. 보통 그 정도가 심하지 않을 경우에는 그저 한 번 웃음을 자아내는 기인으로 여겨지겠지만 일상생활에 심각한 영향을 끼치는 경우도 많아 지역 사회의 여러 관계자가 나서서 문제를 해결하곤 한다. 미디어에서 다루는 사례가 극단적이기 때문에 흔하지 않은 것처럼 보이지만 사실 생각보다 많은 사람들이 이 질환을 겪고 있으며 발병률은 연구에 따라 다소 차이가 나지만 대개 일반 인구의 약 5퍼센트에 이르는 것으로 알려져 있다.[1]

무언가를 모으고 거두어들이는 행위를 의미하는 영어 단어 '호딩hoarding'은 한국에서는 아직 낯선 개념이고 어떻게 번역할지조차 의견이 분분했다. 한동안 우리말 사전에서 찾아볼 수 있는 축장·저장·비축·축적·수집 같은 여러 낱말이 후보 물망에 올랐지만 정식 질환으로 인정되면서 현재는 수집광hoarding disorder으로 통용되고 있다. 진화심리학 측면에서 보면 수집하고 저장하는 행동은 사냥을 통해 음식을 구하던 시절에 남은 음식물을 비축하던 데에서 비롯된 인간의 생존 본능이다. 하지만 생존에 필수적인 저장과 불필요한 잡동사니의 수집 사이에는 분명 큰 차이가 있다.

강박 장애와 다른 면

과거에는 수집광을 강박 장애의 한 부류로 여겼다. 강박 장애 환자들이 반복적으로 무엇인가를 끊임없이 체크하고 확인하는 것처럼 수집광 환자들도 물건을 수집하고 저장한다고 판단했다. 또한 실제로 강박 장애와 수집광의 일부 증상이 겹치기에 강박 장애 치료 방법이 수집광 환자에게도 적용되곤 했다. 잘못된 사고와 감정 그리고 행동을 인식시킨 다음, 변화시키는 인지 행동 치료는 수집광 환자들에게 크게 도움이 되었지만 약물 치료는 그다지 효과가 없었다. 하지만 수집광에 관한 많은 연구 결과가 발표되면서 점차 둘을 별도의 질환으로 바라보게 되었다.

두 질환의 차이를 구체적으로 살펴보면 강박 장애 환자는 자신의 강박적 사고나 행동에 대해 괴로워하고 짜증스러워하는 반면에 수집광 환자는 수집 행위를 즐기면서 안도감을 느끼는 특성을 보인다. 또한 시간이 지나면서 강박 증상의 심각도는 악화와 호전을 오가는 변동 추이를 보이지만 수집광은 점차 악화하는 경향이 있다. 인지적 측면에서도 강박 장애 환자의 경우에는 공포, 책임감의 과대평가, 그리고 완벽주의가 특징이라면 수집광 환자는 정보 처리, 예를 들어 의사 결정, 범주화, 조직화 등에서 어떤 결함을 보인다. 치료 반응에서도 차이를 보이는데 강박 장애의 약물 치료에 주로 쓰는 선택적 세로토닌 흡수 억제제가 수집광의 치료에는 그다지 효과적이지 않다.

2013년, 19년 만에 개정된《정신질환 진단과 통계 편람Diagnostic and Stastical Manual of Mental Disorders, DSM》5판(이하《DSM-5》)에서도 수집광은 강박 및 관련 장애에 속하는 별도의 질환으로 등재되었다. 여러 연구가 쌓이면서 수집광이 강박 장애와 다른 범주로 구분된 것이다. 참고로 강박 및 관련 장애에는 강박 장애, 신체 이형 장애, 수집광, 발모광, 피부 뜯기 장애가 포함되어 있다. 이 책은 전 세계 정신의학계가 인정하는 질병 목록을 정리하는 책으로 미국정신의학회가 펴내고 있다. 정신과 질환을 치료하는 의사로서는 이런 흐름이 매우 긍정적으로 판단된다. 왜냐하면 명확한 질환명이 존재하지 않는 경우 진단과 치료도 역시 불명확해지고 환자나 가족들도 질환인지 모른 채 잘못된 방법으로 대처할 수 있기 때문이다.

어린 시절의 스트레스

수집광은 여러 가지 물건을 쌓아 놓고 버리지 못해 결국 쓸모없는 잡동사니를 소유하는 정신질환이다. 무엇이 수집광 환자로 하여금 자신의 물건에 과도하게 집착하게 만드는 것일까? 수집광의 발병이나 악화에는 어렸을 때 겪는 스트레스가 관련되어 있다고 알려져 있다. 수집광 환자 742명을 대상으로 한 연구에서 부모의 기분 장애나 과도한 음주, 가정 내 안전의 부족, 과도한 체벌이 증상과 연관되어 있었다.[2] 수집광 환자의 50.7퍼센트가 주요 우울증, 24.4퍼센트가 범불안 장애, 23.5퍼센트가 사회공포증 등 여러 정신질환을 갖고 있는 것은 어쩌면 당연해 보인다.[3] 트레버스도 어릴 적 얼어붙은 호수에서 그의 아버지와 사별하는 아픔을 겪었다. 이십대 초반에는 제2차 세계대전에 휩쓸려 히틀러가 이끄는 독일 군대가 폴란드를 침공했을 때 갖은 폭력과 고초를 당했다.

SBS 〈세상에 이런 일이〉 '정글에 사는 가족' 편에서 소개한 수집광 여성의 경우, 첫째 아들이 심한 자폐아였고 남편은 IMF 때 실직하며 받은 퇴직금을 일순간에 날려 버린 뒤 경제적 고통을 겪었다. 이외에도 많은 수집광 환자들은 다양한 종류의 심리적 외상, 예컨대 부모·자녀 관계 단절, 성폭력, 연인과의 이별 등을 겪었다고 보고된다.

동물을 모으는 수집광 환자, 일명 애니멀 호더animal hoarder의 경우도 이와 비슷하다. 어릴 적 스트레스에 빈번히 노출되고 애정을 많이 경험한 적이 없었기에 동물과 감정을 나누면서 정서적 위안을 얻는 것으로 보인다. 이들은 자신만을 온전한 구원자로 여겨 열악한 환경에 노출된 동물에게 목욕이나 식사 같은 기본적인 보살핌조차 제공하지 못한다. 하긴 그게 뭐가 중요하겠는가. 심지어 사체마저도 버리지 못하고 모아 두는데.

수집광 환자는 자신들이 모아 놓고 버리지 못하는 대상에 큰 애착을 보인다. 열심히 모아 놓은 것들을 바라보고 있노라면 마음이 안정되어 편안해지고 이를 통해 상처받은 자신의 삶이 치유된다고 느낀다. 즉 모아 놓은 것들이 자신의 지치고 공허한 마음을 위로하고 채워 주기 때문에 수집광 환자는 그 대상의 안녕과 복지에 책임감을 느끼고 나아가 자신의 감정마저 이입하게 된다.

수집광의 뇌 반응

이와 관련해 연세 대학교 의과대학 안석균 교수는 영국 연구진과 함께 물건에 반응하는 수집광 환자의 뇌 변화를 살펴보았다.[4] 수집 증상이 있는 강박 장애 환자 13명, 수집 증상이 없는 강박 환자 16명, 그리고 일반인 21명을 대상으로 한 연구 결과였다. 연구진은 수집광 환자들이 버리지 않고 모아 온 오래된 잡지·신문·빈 깡통·옷·장난감 등의 사진을 보여 주면서 그들이 '이 물건을 영구적으로 버려야 한다'고 상상하는 동안 뇌 반응을 관찰했다. 수집광 환자의 뇌에서는 양쪽 복내측 전전두피질의 앞부분의 활성도가 높게 나타났다. 이 영역은 사회에서 자기 관련성self-relevance을 파악하는 곳이다. 이는 물건에 대한 개인적 관련성 혹은 의미 부여가 증가했음을 의미한다. 즉 일반인에게 전단지나 신문은 쉽게 버릴 수 있는 그저 그런 종이 더미에 불과하지만 수집광 환자에게는 바로 나 '자신'이 되는 것이다. 그래서 수집광 환자들은 물건을 버리는 일이 힘들어진다. 입장을 바꿔 보자. 팔이나 다리와 같은 물건을 어떻게 집 밖에 갖다 버릴 수 있겠는가?

사실 수집광은 증상 자체가 성립하려면 일단 수집해야 할 물건이 충분히 존재해야 하기 때문에 소비와 소유가 발달한 물질문명이 조성되어야 발생할 수 있는 질환이다. 모든 사물의 가치를 물질로 파악하는 현대 사회에서 사람들은 소비와 소유를 통해 자신의 공허감을 채우고 정체성을 확인한다. 이런 경향의 극단적인 형태가 수집광일 수 있다. 그래서 수집광이라는 복잡한 실타래를 푸는 실마리 또한 여기에서 찾아볼 수 있다.

먼저 수집광과 심리적 외상 사이의 관련성을 고려한다면 주변에서 환자를 충분히 사랑하고 받아들이는 것이 필요하다. 사람은 사랑과 인정을 통해 대인관계에서 안정감을 느낄 경우에 그렇지 못한 사람에 비해 자신의 소유에 금전적 가치를 덜 부여한다. 즉 인간관계가 불안한 사람은 사람 대신 물건을 소유하면서 부족한 부분을 채운다는 뜻이다. 따라서 수집광 환자를 그저 눈에 보이는 대로 이상하고 게으른 사람으로 판단하지 않고 애정과 관심을 가지고 대해야 한다.

하지만 방법론적으로 주의할 점이 한 가지 있다. 주로 극명한 대비 효과를 연출해 시청자들에게 확연히 다른 변화를 보여주는 텔레비전 프로그램에서 범하는 실수로 많은 사람을 동원해 여러 잡동사니를 한 번에 정리하고 청소하는 일이다. 수집광 환자들은 자신의 물건이 갑자기 사라지면 우울증에 빠져 이전 물건을 대신할 다른 물건을 과도하게 수집하고 저장할 수 있다. 따라서 위생·위험 문제로 인해 수집광 환자의 집을 정리할 때에는 조금씩 조금씩 진행해 그들이 천천히 적응할 수 있도록 돕는 것이 필요하다.

예를 들면 수집광 환자에게 '집에 물건을 놓을 공간이 충분할까?' '내가 이 물건이 정말로 필요할까?'와 같은 목록을 작성하게 한 뒤 실제 물건을 구매하거나 수집하고 싶은 생각이 강하게 들 때 다시 목록을 꺼내어 답하는 과정을 통해 현명한 결정을 내릴 수 있도록 도울 수 있다. 소규모 집단을 대상으로 한 연구이긴 하지만 실제로 이러한 인지 행동 치료가 수집광 환자 뇌의 활성도를 변화시키는 것으로 밝혀지기도 했다.[5]

분노를 처리하는 연결망

앞서 소개한 트레버스는 공중위생 문제를 염려한 법원이 그의 집을 청소하려 하자 사유 재산인 자신의 집에서 원하는 대로 살 권리가 있다며 갈등을 빚기 시작했다. 그는 방송 출연이 자신에게 유리할 것이라 생각해 촬영에 적극 협조하며 시청자들의 약자에 대한 연민과 참전 용사를 향한 배려심을 이용해 적극적으로 자신이 처한 상황을 호소했다. 그러나 법원의 청소 집행 명령은 시행되었고 청소하려는 지역 공무원을 온몸으로 저지하며 방해하던 그는 경찰에 체포되었다.

그가 노구의 몸으로 거칠고 무모하게 저항한 모습 역시 수집광 증상의 일부였을 수 있다. 수집광 환자의 뇌에서는 오류를 관찰하고 위험을 평가하며 분노나 혐오 같은 부정적인 감정을 처리하는 기능적 연결망이 제대로 작동하고 있지 않기 때문이다. 수집광 환자들의 뇌 부분 중 타인들이 자신의 물건을 건들 때 활성화되었던 곳은 전방 대상피질과 섬엽 영역이었다. 전방 대상피질은 두뇌에서 불확실성과 갈등을 추적 관찰하거나 의사 결정, 범주화 같은 인지 과정을 담당하며 섬엽은 내부 감각, 불쾌한 기분의 인식, 위험 혹은 불확실성 평가, 정서 지각 등에 관여하는 영역이다. 이 영역들의 특성을 고려한다면 수집광 환자들은 자신의 물건을 간직할지 버릴지 결정할 때 불확실해서 공포를 느끼는 것으로 보인다. 즉 수집광 환자는 '뭔가 잘못되고 있다'란 느낌과 함께 의사 결정 과정의 결함으로 인해 물건을 버리지 못한다.

이러한 뇌의 특징을 고려하면 그는 도움을 받는 것이 맞는지 아닌지 불확실한 상황에서 잘못된 결정을 내릴지 몰라 과도한 공포를 느꼈다는 것을 알 수 있다. 그렇기 때문에 죽기 살기로 공권력에 대항한 것이다. 이후 몇 차례의 실랑이가 있었지만 결국 죽기 1년 전 그는 모든 다툼을 포기하고 요양원에서 사는 것을 받아들여 대략 40년 만에 깨끗하고 쾌적한 환경에서 지내게 되었다.

만약 트레버스에게 조금 더 일찍 적절한 의학적·심리적·사회적 접근이 있었다면 가족마저 외면한 그의 지난하고 외로운 삶은 조금 더 평온하고 행복하지 않았을까? 이제 수집광은 저장 강박 장애로 불리며 강박 장애의 일종이었던 시기를 지나 다르게 접근해야 하는 별도의 질환으로 분류되고 있다. 차곡차곡 쌓이는 자료를 바탕으로 우리 옆에서 함께 호흡하며 살고 있는 많은 수집광 환자들이 도움을 받을 수 있는 기회가 넓어져야 한다.

쇼핑 중독증

상품을 구매해야 행복한 일상

정신과 의사의 쇼퍼홀릭

나는 클래식 음악을 즐겨 듣는다. 생김새와 그다지 어울리지 않는 취미를 갖게 된 계기는 고등학교 시절의 음악 듣기 시험이었다. 수업에서 들었던 여러 곡 중 한 곡이 시험 문제로 채택되어 스피커에서 흘러나오면 그 곡의 제목을 맞히는 평가 시험이었다. 좋은 성적을 얻기 위해 한 곡이라도 더 맞히는 것이 중요하던 시절이었다. 나는 시험 대비용 카세트테이프를 사기 위해 시내에 있는 음반 가게 '비의 소리처럼'을 방문했다. 몇천 원을 주고 샛노란 표지의 음반 하나를 건네받았다. 성음 음반사에서 나온 모차르트의 교향곡 40번이었다. 안경을 쓰고 입을 앙다물고 있는 표지 속 아저씨는 지휘자 카를 뵘이었다.

점수를 따기 위한 왠지 불순한 목적으로 시작한 음악 감상이었지만 나는 이내 클래식 음악의 아름다움에 매료되었다. 당시에는 곡의 조성이 무엇인지, 카를 뵘이 누구인지, 빈 필하모니 관현악단이 어디에 있는지 등은 전혀 알지 못했지만 그런 것은 중요하지 않았다. 워크맨에 카세트테이프 재생 단추를 누르고 눈을 감으면 바로 천상의 세계가 펼쳐졌다. 선율에 몸을 맡긴 뒤 하늘을 둥둥 떠다니다 보면 25분여가 훌쩍 지나갔다.

이렇게 시작된 클래식 음악 듣기는 자연스럽게 음반 쇼핑으로 이어졌다. 이후 20여 년 동안 직접 여러 음반 가게를 다니고 예약 구매·중고 거래·온라인 구매·디지털 음원·해외 구매 등 다양한 형태로 음반 쇼핑을 했다. 기나긴 음반 쇼핑 중독은 의도하지 않은 방식으로 총가계 지출에서 식료품비가 차지하는 비율인 엥겔 지수를 낮추기도 했으며 '지름신'의 강림으로 뼈저린 후회를 안겨 주기도 했다. 쇼핑이 대체 뭐길래 이토록 오랫동안 많은 영향을 끼쳐 온 것일까?

자율성을 회복한다

의대에 다닐 때 시험이 참 많았다. 매번 시험이 끝날 때마다 느끼는 감정은 비슷했다. 당분간 공부를 하지 않아도 되겠다는 안도감과 틀린 문제에 대한 아쉬움과 준비 부족에 대한 후회와 허무감 그리고 다른 과 친구들이 놀 때 같이 놀지 못해 생겨난 소외감 등 부정적인 감정도 적지 않았다. 그럴 때면 나는 습관처럼 음반 가게로 향했다. 당시 시청 근처에 있던 단골집 세바스티안에서 짧은 머리의 사장님과 잠시 근황을 나눈 뒤 나머지 시간을 오롯이 음반 탐색으로 채웠다. 장시간 음반 매대 사이에 서서 음반을 뒤적거리면 몸은 피곤했지만 마음은 전혀 힘들지 않았다. 애타게 구하던 음반이라도 찾으면 보물을 찾은 양 기분이 날아갈 것만 같았다. 지금 생각해 보면 나는 시험을 마친 뒤 들른 음반 가게에서 지친 마음을 회복시키는 쇼핑 치료retail therapy를 받았던 것이다.

사실 쇼핑 치료란 용어는 정신의학 교과서에 실려 있지 않다. 하지만 많은 사람이 기분이 우울하거나 스트레스가 쌓일 때 쇼핑으로 기분 전환을 한다. 미국의 한 쇼핑몰을 방문한 사람들을 대상으로 한 연구에서도 계획에 없던 물건을 구매한 사람들이 그렇지 않은 사람들보다 쇼핑을 한 후 기분이 더 좋아졌다는 결과가 드러났다.[1] 쇼핑이 이들에게 일종의 기분 개선제 역할을 한 셈이다. 미국의 방송인 태미 페이 바커가 남긴 "쇼핑이 정신과 상담보다 싸다"라는 말이 아주 실없는 소리는 아니다.

쇼핑을 하면 왜 슬픔이 사라지는 것일까? 미국 미시건 대학교 로스 경영대학원의 행동 과학자 스콧 릭 교수는 이 이유를 사람들이 쇼핑을 통해 통제력을 회복하기 때문이라고 말한다.[2] 릭 교수 연구진은 실험에서 참가자에게 한 영화의 주인공이 죽는 장면을 보여 주면서 슬픈 감정을 유발했다. 이어서 연구진은 참가자를 두 집단으로 나눈 뒤 한 집단은 선택하는 사람chooser들로 정해 실제 온라인 쇼핑을 하듯이 여행용 물건 네 개를 장바구니에 담게 했고, 다른 집단은 둘러보는 사람browser들로 정해 여행에 유용한 물건 네 개를 장바구니가 아닌 위시리스트 목록에만 담게 했다.

참가자들이 실제 구매 혹은 둘러보기를 끝낸 뒤 이들의 감정을 다시 확인해 보니 위시리스트가 아닌 장바구니에 물건을 담았던 사람들이 약 세 배나 슬픔을 덜 느끼는 것으로 나타났다. 연구진은 이런 차이를 '상황에 대한 통제권'에서 비롯하는 것으로 추정했다. 왜냐하면 두 집단 중 선택하는 사람들의 79퍼센트가 둘러보는 사람들에 비해 상황에 대해 통제력을 더 크게 느꼈기 때문이다. 둘러보는 사람들 중에 상황에 대한 통제력을 더 느낀 비율은 2퍼센트에 불과했다.

감정의 평가 이론appraisal theory에 따르면 인간은 주변 상황이 즐거운지 예측 가능한지 집중이나 노력이 필요한지 자신 혹은 타인의 통제에 있는지를 인식하는 정도에 따라 다양한 감정을 느낀다. 인간은 주변 상황을 잘 통제하지 못할 때 슬픔을 느낀다.[3] 사랑하는 사람이 죽으면 상황 통제 불가, 즉 아무것도 할 수 없는 무력감을 느끼면서 비통에 빠지지 않던가. 이런 관점에서 보면 쇼핑은 슬플 때 우리가 선택하는 합리적인 대응 전략이다. 다시 말해 주변 상황에 대한 통제력을 잃어 슬플 때 어디로 갈지, 무엇을 살지 결정하는 쇼핑 과정을 통해 상실했던 자율성을 회복해 나간다. 그러고 보니 내가 의과대학 시절 시험을 본 뒤 슬픔을 느꼈던 이유 역시 근본적으로는 시험이란 상황을 내가 온전히 통제할 수 없었기 때문인 것 같다. 연필을 굴려 가며 객관식 문제를 찍고 말도 안 되는 내용을 짜깁기하면서 주관식 문제를 푸는 중에 무력감을 느끼면서 슬퍼졌던 것이다. 하지만 시험이 끝난 뒤 갈 수 있는 여러 곳 중 음반 가게를 콕 집어 선택하고 어떤 음반을 살지 이리저리 재는 과정을 통해 주변 상황에 대한 통제력을 되찾으면서 슬픔 또한 떨쳐 버린 것이다.

갈망과 금단 사이

의과대학 졸업 후 서울에 살게 된 나는 자주 갈 만한 새로운 음반 가게를 물색하다 삼성동 코엑스 지하에 있던 애반이라는 음반 가게에 자주 들락거리기 시작했다. 그러다 음반 쇼핑이 점차 일상생활에 나쁜 영향을 끼치기 시작했다. 희귀 음반을 검색하느라 병원 의무 기록 작성을 미루고 아직 듣지 않은 음반이 쌓여 있는데도 새로운 음반을 또 구매하고 월급을 받자마자 신나게 쇼핑을 하는 통에 금세 통장 잔고가 바닥나는 일이 점점 늘어났다. 내가 음악을 사랑하는 건지 아니면 음반 쇼핑을 사랑하는 건지 구분이 되지 않았다. 당시 내 모습은 병원에서 만나던 의존증 환자와 여러 부분에서 유사했다. 열 일 제쳐 두고 쇼핑만을 원하던 모습은 갈망이었고 쇼핑을 하지 않으면 불안해지는 모습은 금단이었으며 학생 때보다 많은 양을 구매해야만 만족하는 모습은 내성이었다. 알코올 중독자를 영어로 알코홀릭이라 하듯이 나는 쇼핑에 중독된 쇼퍼홀릭shopaholic이 되어 버렸다.

쇼퍼홀릭이란 단어가 일상에서 흔히 사용되고 있는 것에 비해 아직 그 임상적 실체는 명확하지 않다. 일단 명칭부터 연구자에 따라 병적 구매·충동적 구매·과도한 소비·쇼핑 중독·강박적 구매 및 소비 등으로 다양하고, 연구 방법 및 검사 도구가 일정하지 않아 보고되는 유병률도 1~20퍼센트로 일정하지 않다.[4] 이는 쇼핑 중독의 핵심 병리를 충동 조절의 어려움으로 봐야 할지 과도하게 집착하는 강박 증상으로 봐야 할지 의견이 분분하기 때문이다. 최근에는 문제를 일으키는 과도한 구매 행위 역시 중독addiction의 관점에서 바라보는 논의가 활발하게 이루어지고 있다. 과거에는 중독의 개념을 알코올·니코틴·카페인과 같은 물질에만 한정시켰지만 2013년, 앞서 언급한 미국정신의학회에서 발간하는 《DSM-5》에서 행동 영역으로 적용 범위가 확장되었다. 실례로 이전에 충동 조절 장애에 속했던 도박 장애가 물질 관련 중독 장애로 소속이 바뀌었고 인터넷 게임 장애는 추가 연구가 필요한 진단적 상태에 포함되었다.

노르웨이의 베르겐 대학교 임상 심리학부의 세실 안드레아슨 교수의 2015년 연구에 따르면 쇼핑 중독은 여성에게 두드러지고 청소년기 후반에 시작해 성인기에 본격적으로 나타났다가 나이가 들면서 점차 감소한다.[5] 또한 적극적인 사교 생활이나 자극과 활력을 추구하는 성향인 외향성이나 걱정이 많고 위험 지각이 빠르고 예민한 성향인 신경증과 같은 성격 특성이 쇼핑 중독과 연관된 것으로 나타났다. 외향성이 높은 사람은 자신의 개성을 표현하고 대인 관계에서 자신의 매력을 고취시키거나 특정 사회 집단에 속하기 위해 과도한 쇼핑을 하는 측면이 있다고 해석된다. 아울러 신경증이 높은 사람은 분노·우울함·불안감과 같은 불쾌한 정서에서 벗어나는 수단으로 쇼핑을 하다가 문제를 일으키는 것으로 보고 있다. 연구 결과를 내게 대입해 보면 외향성은 높지 않고 신경증은 보통 수준이었지만 클래식 음악 동호회 회원들의 음반 보유고에 주눅 들고 힘든 병원 수련 기간의 스트레스가 나름의 쇼핑 중독 원인으로 작용했던 것 같다.

연구 결과를 조금 더 살펴보면 쇼핑 중독은 불안·우울·낮은 자존감과도 연관된다. 이런 결과는 어디까지나 상관관계이므로 불안하고 우울하고 자존감이 낮은 사람이 쇼핑에 중독된다고 볼 수도 있지만 반대로 어떤 사람이 쇼핑 중독 때문에 불안하고 우울해지며 자존감이 낮아진다고 해석할 수도 있다. 아직 쇼핑 중독이 공식적인 질환으로 인정받은 것은 아니지만[6] 자신의 쇼핑 활동이 혹 중독 수준은 아닐까 염려되는 사람들은 다음과 같이 안드레아슨 교수가 만든 검사를 참고하면 도움이 될 듯싶다.

베르겐 쇼핑 중독 척도 The Bergen Shopping Addiction Scale, BSAS

다음 항목을 읽고 최근 12개월 동안의 생각, 느낌, 행동의 정도에 따라 완전히 불일치하면 0점, 불일치하면 1점, 일치하지도 불일치하지도 않으면 2점, 일치하면 3점, 완전이 일치하면 4점을 주시오.

- 나는 쇼핑/구매를 항상 생각한다.
- 나는 기분을 바꾸기 위해 쇼핑/구매를 한다.
- 나는 쇼핑/구매를 많이 해서 일상에서 해야 할 일(예: 학교, 일)에 부정적 영향을 끼친다.
- 나는 이전과 같은 만족을 얻기 위해 더욱 더 쇼핑/구매해야 할 것처럼 느낀다.
- 나는 덜 쇼핑/구매할 것을 결심하지만 그렇게 할 수 없다.
- 나는 어떤 이유 때문에 쇼핑/구매를 못하게 되면 기분이 나쁘다.
- 나는 쇼핑/구매를 많이 해서 삶이 행복하지 않다.

평가 방법 7개의 항목 중 적어도 4개에서 '일치' 혹은 '완전히 일치'가 있을 경우 쇼핑 중독을 의심할 수 있다.

쇼핑 중독자의 뇌 반응

음반 쇼핑을 탐닉하던 시절에 가장 부러웠던 사람들은 가게에서 한 움큼 집은 음반 여러 장을 지체 없이 결제하던 노신사분들이었다. 나는 마음에 드는 음반을 여러 개 골랐다가도 주머니 사정 때문에 눈물을 머금고 일부는 다시 진열장에 넣어야 했다. 음반 가게를 방문하는 것은 즐거운 일이었지만 "살 것이냐 말 것이냐"를 읊조리는 것은 여간 고통스러운 일이 아니었다.

쇼핑에 중독된 사람들이 자주 부딪히는 어려움은 원하는 물건을 사고 싶은 열망과 이를 감당하지 못하는 경제적 능력 사이의 갈등이다. 쇼핑 중에 기쁨과 고뇌라는 양극단의 감정을 경험하는 이들의 뇌에서는 어떤 일이 벌어지고 있을까? 과도한 쇼핑 때문에 치료를 받는 여성과 일반인 여성의 뇌를 비교한 2011년 독일 루트비히스하펜암라인 대학교의 게르하르트 랍 교수 연구진의 실험에 그 실마리가 있다.[7] 연구진은 참가자에게 백 가지 종류의 물건을 보여 준 뒤 이어서 대략 천 원에서 오륙만 원까지 다양한 가격을 함께 보여 주고 최종적으로 살 것인지 말 것인지를 결정하도록 했고, 이때 뇌의 활성화 양상을 기능적 자기공명영상으로 살폈다.

물건만 볼 때는 쇼핑에 중독된 사람들이 그렇지 않은 사람들에 비해 뇌의 선조체가 더 활성화했다. 선조체는 보상·기쁨·중독 등과 밀접하게 연관된 곳으로 쇼핑에 중독된 사람들이 물건을 볼 때 입가에 웃음이 번지면서 기분이 좋아지고 몸이 후끈 달아오르면서 "어머! 저건 사야 해" 하는 일련의 반응과 연관된다. 하지만 가격의 장벽 앞에서 사람들은 갈등에 빠진다. 소유의 즐거움을 누리기 위해서는 돈을 내야 하기 때문이다. 이때 뇌에서는 뇌섬엽이 활성화한다. 통증·혐오처럼 부정적 자극과 연관된 뇌섬엽의 활동은 쇼핑 중독자들에게는 덜 나타난다. 이런 양상은 쇼핑에 중독된 사람들이 물건을 갖고 싶어할 때 가격에 대한 예민성이 둔해지면서 구매 행동을 잘 조절하지 못하는 것으로 해석할 수 있다.

종합하면 두 가지 기전, 즉 물건을 볼 때 나타나는 보상 영역의 활성화와 가격을 볼 때 구매 행위를 제어할 수 있는 영역의 활동 저하가 쇼핑 중독의 기저에 있는 것으로 볼 수 있다. 미리 예산을 확인하고 계획을 짜고 마음을 다잡았더라도 막상 물건을 봤을 때 쇼핑에 중독된 사람들은 강한 희열을 느끼면서 쉽게 유혹에 무릎을 꿇는 것이다. 너무 뻔한 결론인가 싶지만 쇼핑 중독의 신경과학적 비밀은 향후 관련 연구 분야에서 계속해서 더 밝혀질 것이라 전망한다.

스스로 변하는 방법

요즘도 누가 취미를 물어보면 다소 민망하지만 꿋꿋하게 클래식 음악 듣기라고 대답한다. 하지만 이제 음악을 즐기는 모습은 조금 달라졌다. 예전처럼 특정 음반을 구매해 듣는 대신 라디오나 유튜브를 통해 그때그때 자유롭게 감상한다. 덕분에 음반 구매에 쏟는 돈이나 시간은 많이 줄었고 음반 쇼핑 중독의 포로 신세는 가까스로 면한 듯싶다. 물론 좋아하는 연주자 혹은 지휘자의 음반은 여전히 구매한다.

혹자는 정신과 의사인 필자가 무슨 특효약을 먹은 것은 아닐까, 하고 의구심을 가질지 모르겠지만 쇼핑 중독 관련 연구 자체가 드물고 효과를 보고한 일부 연구도 방법상 제한점이 많기에 검증된 치료 약물이 있다고 하기에는 아직 시기상조이다.[8] 대신 아래와 같은 4단계의 자조自助의 노력을 마음에 품으면 도움이 될 수 있다.

쇼핑 중독을 조절하기 위한 4단계

1. 당신이 쇼핑에 중독되었다는 것을 인정하라.
2. 쇼핑을 하기 쉽게 만드는 신용카드를 자르고 수표를 없애라.
3. 가족·친구와 함께 쇼핑하라. 그들이 당신의 과소비를 억제할 것이다.
4. 쇼핑 말고 당신의 시간을 유용하게 보낼 방법을 찾으라.

내 경우에도 인정에서 시작되었던 것 같다. 오랫동안 음악에 대한 '열정'이라고 포장했지만 실은 음반 쇼핑에 자체에 대한

'중독'이었노라고. 나의 지독한 쇼핑 중독을 인정한 이후 한동안 금단 증상을 겪었지만 시간이 지나면서 학생 때처럼 다시 자연스럽게 음악을 즐길 수 있게 되었다. 그리고 같은 취미를 공유하는 주변 사람들과의 교제도 도움이 되었다. 음악을 멀리 떠나지 않으면서도 음반에 대한 집착에서 벗어나는 방식으로 말이다. 그렇다. 좋아하는 음악을 들으며 나누는 대화의 도란도란한 소리야말로 진정 아름다운 음악이자 마음의 치료제였다.

요즘은 인터넷 기술과 유통의 혁신으로 이전보다 쇼핑을 하기 쉬워졌다. 편의성뿐만 아니라 마음 건강 측면에서도 바람직한 현상일 수 있다. 기분이 우울할 때 손쉽게 쇼핑을 하는 것은 작은 도움이 될 수 있다. 주변 상황에 대한 통제력을 회복하면서 슬픈 마음이 사라지기 때문이다. 하지만 혹시 이미 중독의 선을 넘었다면 먼저 인정하고 쇼핑이 아닌 것에서 기쁨을 찾는 노력을 통해 건강한 쇼핑의 세계로 돌아와야 한다.

신체 이형 장애

외모의 결함에 집착하는 삶

성형 수술의 나라

2013년 1월에 영국 주간지 〈이코노미스트〉에 재미있는 기사가 실렸다. '연습이 완벽을 낳는다'는 영어 속담을 패러디한 기사의 헤드라인은 '성형이 완벽을 낳는다'였다.[1] 내용인즉슨 세계에서 성형 수술을 가장 많이 받는 나라는 (예상대로) 한국이라는 기사였다. 내용은 국제미용성형수술협회의 2011년 통계가 바탕이 되었는데 결과를 보면 성형 수술 전체 횟수는 한국이 아니라 1년 동안 총 310만 5246회의 성형 수술(혹은 시술)이 이뤄진 미국이 1위, 한국은 64만 9938회로 7위였다.[2] 순위가 뒤바뀐 것은 순전히 인구수 때문이었다. 미국은 인구가 3억 명이 넘지만 한국은 5천만 명 정도다. 그래서 총 횟수로 접근하면 미국이 1위지만 인구 천 명당 시행 횟수를 따지면 한국이 1위가 된다.

이후 발표된 결과에서도 유사한 흐름은 지속되었다. 2015년 통계에 따르면 한국의 성형 수술 총 횟수는 115만 6234회로 증가하며 세계 3위를 차지했는데 인구 천 명당 시행 횟수는 약 23회로 압도적인 1위였다. 이후 발표된 통계에서는 한국이 제외되어 정확한 수치를 파악할 수 없지만 여전히 그리 어렵지 않게 상위권을 차지할 것으로 예상된다. 자료에는 국내에서 성형 수술을 받은 외국인이 포함되어 있기 때문에 과장된 통계라는 주장도 있지만 이를 감안해도 한국에서 성형 수술은 대세를 넘어 이제는 평범한 일상이 되었다는 것을 부인할 수 없게 되었다.

한국에서 이토록 성형 수술이 흔해진 이유는 무엇일까? 여러 이유가 있겠지만 사회적 영향이 가장 크다. 집단주의가 강한 한국 사회에서는 외모와 관련해서도 각자의 개성보다는 사회의 유행이 더 부각되곤 한다. 드라마의 주인공이 착용한 장신구가 며칠 뒤엔 여기저기에서 눈에 띄고 이내 '완판(완전 판매)' 대열에 합류하는 것도 몰개성 사회의 특성 때문으로 보인다. 지금은 수그러들었지만 한때 성형외과에는 "연예인 ○○처럼 해 주세요" 요청하는 사람들이 많았던 것도 이런 분위기를 반영한다. 실제한 조사에서는 미용 성형 수술을 받은 여대생의 29.8퍼센트가 '연예인과 같은 수준의 외모'를 갖기 위해 수술을 받았다고 답했다.[3]

다른 사회적 원인으로는 한국 특유의 치열한 경쟁 분위기도 한몫하는 것으로 보인다. 가수 신해철이 〈나에게 쓰는 편지〉라는 노래에서 읊조렸던 것처럼 한국 사회는 "전망 좋은 직장과 가족 안에서의 안정과 은행 구좌의 잔고 액수가 모든 가치의 척도"가 된 지 오래이다. 우리 사회에서는 빚을 지더라도 멋진 결혼식을 올려야 하고 형편이 어려워도 과분한 자동차를 타고 다녀야 한다. 청년들은 휴학과 복학을 반복하며 졸업을 미루고 경력을 만들기 위해 자비를 들여 해외로 자원봉사를 가고 대학교 입시 때보다 더 많이 공부하며 취업을 준비한다. 실제 알맹이에 상관없이 껍질(외모)만으로 사람을 평가하고 초점을 맞추다 보니 이에 부응하기 위해 자의 반, 타의 반으로 성형 수술을 하게 된다. 오죽하면 면접관에게 좋은 인상을 주기 위한 목적으로 취업 준비생에게 특화된 '취업 성형'까지 있을까.

아울러 한국의 왜곡된 의료 현실 또한 성형 수술 증가에 일조하는 것으로 보인다. 다른 나라와 비교할 때 너무 낮고 현실을 반영하지 못하는 보험 수가 때문에 의료계는 비보험 수가를 올리기 위해 전문 과목을 불문하고 성형 수술에 뛰어들게 되었다. 덕분에 성형 수술 강국이 되긴 했지만 악화가 양화를 구축하는 식으로 부실 수술, 과잉 수술, '유령 수술(대리 수술)'과 같은 폐해 역시 끊이지 않고 있다.

자신감을 위하여

미용 성형 수술을 받는 가장 큰 동기가 '자신감을 얻기 위해서'로 드러난 조사 결과가 보여 주듯이 '잘생겨지고 예뻐지는 것'은 단순한 신체적 변화가 아니라 심리적 측면과 밀접한 연관을 갖는다. 평소 자신의 외모에 자신이 없는 사람은 낮은 자존감으로 위축되고 대인 관계에서 소극적인 모습을 보이기 쉽다. 이들에게 미녀 혹은 미남이 될 수 있는 성형 수술은 삶의 돌파구 혹은 전환점의 기회로 다가올 수 있다.

우리 주변에서 성형 수술이 원하는 대로 잘된 사람들은 대체적으로 만족하며 잘 살고 있는 것처럼 보인다. 그렇다면 정말 성형 수술 이후에 심리 상태는 크게 변할까? 12~19세 노르웨이 청소년 1597명을 13년 동안 추적 관찰한 연구의 결과를 살펴보면 대답은 다소 부정적이다.[4] 연구진은 1992년, 1994년, 1999년, 2005년 네 차례에 걸쳐 청소년의 외모 만족도, 정신 건강 및 문제 행동을 조사했다. 연구 기간 동안 가슴 성형을 포함해 78명의 평균 24.6세 여성의 약 4.9퍼센트가 성형 수술을 받았지만 성형 수술 전후로 이들의 외모 만족도는 변함이 없었고 우울·불안·식이 문제·음주는 오히려 증가한 것으로 나타났다.

왜 이런 상반된 결과가 나온 걸까? 이를 궁금해 한 독일 연구진은 광고를 통해 성형 수술을 받은 544명과 성형 수술에 관심은 있지만 수술은 받지 않은 264명을 모집했다.[5] 이후 3개월, 6개월, 그리고 1년 뒤 세 차례에 걸쳐 이들이 삶을 대하는 태도와 심리 상태의 변화를 살폈다. 그 결과 수술을 받은 사람들이 수술을 받지 않은 사람들에 비해 더 긍정적이며 즐겁고 자존감이 높고 삶에 만족하고 더 건강하다고 느끼면서 자신을 매력적으로 여기는 것으로 드러났다. 심지어 우울감이나 대인 공포증도 감소한 것으로 나타났다.

이 연구의 특징은 연구진이 참가자들이 성형 수술을 통해 얻고자 하는 목표를 조사한 점이었다. 연구진은 참가자들의 자유로운 답변 외에 추가로 열 가지의 일반적인 목표를 제시해 선택하도록 했다. 이 목표에는 '기분이 나아지기 위해' '얼굴의 흠을 없애기 위해'와 같은 현실적인 내용부터 '새로운 사람이 되기 위해' '모든 문제를 해결하기 위해'처럼 비현실적이고 구체적이지 않은 내용도 포함되었다. 조사 결과 성형 수술을 받은 참가자의 약 90퍼센트는 현실적이고 구체적인 목표를 추구했다.

참가자들이 성형 수술을 받은 뒤 1년 동안 지속적으로 만족하고 행복했던 것을 고려하면 성형 수술을 받는 현실적인 목표를 정하는 것이 이후의 정신 건강에 도움이 된다고 볼 수 있다.

하지만 성형 수술로 여러 심리적 문제가 해결될 거라 생각한다면 꼭 이유를 곱씹어 봐야 한다. 쌍꺼풀을 만들었더니 이상적인 연인이 나타나고 코를 높였더니 지원하는 회사마다 합격을 통보를 받고 턱을 깎았더니 방문하는 음식점마다 공짜 음식을 줄 것이란 환상을 품지 않는다면 성형 수술 이후 정신적으로 더 안정된 삶을 살 수 있다.

콤플렉스에 집착하기

마이클 잭슨은 작사·작곡·편곡·제작·의상·스타일·안무·공연·영상 등 음악과 관련된 모든 것을 스스로 감독했던 당대 '팝의 황제'이었지만 사람들의 많은 관심은 그의 변화무쌍한 외모에도 쏠렸다. 청년 시절 곱슬머리, 까만 피부, 뭉툭한 코, 넓은 입술 같이 전형적인 흑인의 외모를 가지고 있던 그의 얼굴은 나이가 들수록 점차 부자연스러워졌다. 과도한 성형 수술은 그를 또 다른 가십의 대상으로 만들었다.

잭슨의 외모 변화는 코에서 시작했다. 1979년 춤추던 도중 넘어지면서 코가 부러진 뒤 그는 처음으로 코 수술을 받았다. 수술 뒤에 거울에 비친 코가 마음에 들자 이후 세 차례에 걸쳐 추가적으로 코 수술을 받았다. 성형 수술은 여기서 끝나지 않았다. 주변 사람들에 따르면 1990년대 말까지 그는 십여 차례 수술대에 오른 것으로 알려져 있다. 하지만 여러 번에 걸친 수술의 결과는 가혹했다. 그의 코는 뾰족하고 날렵해졌지만 연골을 코끝에 부착하는 수술이 실패하면서 코가 주저앉아 코안(비강)이 직접 얼굴로 드러나게 되었다. 이후 그는 코끝에 인공 구조물을 댄 뒤 진한 화장으로 가린 채 외출하기 시작했다.

나를 포함한 많은 정신과 의사는 잭슨이 신체 이형 장애body dysmorphic disorder를 가져 성형 수술을 반복적으로 받은 것으로 추정하곤 한다. 신체 이형 장애란 다른 사람의 눈에는 보이지 않는 외적인 부분에 눈에 띄는 흠이나 결함이 있다고 생각해 집착하는 정신질환이다. 물론 마이클 잭슨이 이 질환을 실제 갖고 있었는지는 공식적으로 확인되지 않지만 성형 중독이란 말을 들을 정도였던 그의 행적을 고려하면 이런 추론은 꽤 믿을 만하다.

신체 이형 장애 환자들은 자신의 코가 비뚤어진 것 같다며 수시로 거울을 쳐다보고 머리카락이 푸석푸석한 것 같다며 과도하게 빗질을 한다. 피부에 뾰루지가 난 것 같아 수시로 잡아 뜯거나 자신의 외모를 다른 사람의 외모와 비교하며 괴로워하고 주변 사람의 동감을 구한다. 하지만 다른 사람의 눈에는 이들의 외모가 지극히 정상으로 보이기에 고민은 공감을 얻기가 어렵다.

결과적으로 주변 사람들이 자신의 고통을 이해하지 못해 힘들어하고 자신의 외모를 비웃을까 봐 외출을 꺼리게 되며 심하면 우울증을 겪게 된다. 심리적 문제로 인해 환자의 절반 정도는 병원에 입원하거나 4분의 1 정도는 자살을 시도한다.[6] 겉보기에 결함이 있는 부분을 고치기 위해 피부과 혹은 성형외과를 방문해 봐도 문제의 본질은 외면이 아닌 내면이기에 상황은 나아지지 않는다.

신체 이형 장애 환자들이 자신의 얼굴을 어떻게 바라보고 있는지 알아보기 위해 2010년, 미국 캘리포니아 대학교에서 정신의학을 연구하는 제이미 퓨스너 교수의 연구진은 신체 이형 장애 환자 17명과 일반인 16명을 대상으로 이들이 자신의 얼굴 사진과 유명한 남자 배우의 얼굴 사진을 볼 때의 뇌 반응 차이를 살폈다.[7] 연구진은 포토샵을 이용해 사진의 해상도를 조절해 고해상도·저해상도·일반 해상도의 사진을 실험에 이용했다. 이런 작업을 시행한 이유는 신체 이형 장애 환자가 임상적으로 전체적인 외모보다는 특정 부위에 집중하는 경향을 보이기 때문이었다. 모든 참가자들은 고해상도의 사진을 볼 때 잡티나 눈과 코의 언저리를, 저해상도의 사진을 볼 때 얼굴 부위의 어울림이나 전체 형태를 주로 살폈다.

먼저 신체 이형 장애 환자들은 해상도에 상관없이 자신의 사진을 볼 때 혐오스러워했다. 증상을 생각하면 당연한 반응이었다. 낮은 해상도 사진을 볼 때 왼쪽 후두피질에서 활성도가 감소했다. 아울러 일반 해상도 사진을 볼 때는 전두-선조 회로가 활성화되었다.

후두피질은 이름 그대로 뇌의 뒷부분에 해당하는 부위 중 겉부분으로 인간의 시각을 담당하는 시각피질이 이곳에 있다. 보통 우리가 눈으로 무언가 봤을 때 망막에 새겨진 영상은 전기신호로 바뀐 뒤 시신경을 타고 뇌의 뒤쪽으로 이동한다. 신체 이형 장애 환자가 자신의 얼굴을 낮은 해상도로 볼 때 이 영역이 덜 활성화한 것은 형태적인 정보를 잘 처리하지 못한다는 것을 의미한다. 다시 말해 이들은 자신의 얼굴을 볼 때 어울림이나 균형을 전체적으로 파악하지 못하는 것이다. 조화로움이 아름다움에서 중요한 부분임을 알지 못한 채 이들은 외모의 구체적인 부분에 집착하게 된다.

또한 신체 이형 장애 환자는 다른 사람들이 완전하지 못한 자신의 외모를 알아차릴까 봐 불안해한다. 이러한 모습은 이들이 자신의 사진을 볼 때 활성화한 전두-선조 회로에서 확인된다. 뇌의 전두피질과 선조체를 연결하는 이 회로는 조정과 억제를 담당하며 외부 상황에 유연하게 대처하도록 돕는다. 그래서 이들이 자신의 얼굴을 볼 때 전두-선조 회로가 활성화하면 외모 걱정에서 빠져나오지 못하고 이를 해결하기 위한 행동을 끊임없이 하게 된다. 이런 모습은 강박 장애와 유사한 부분으로 2013년에 개정된 진단 기준《DSM-5》에서 신체 이형 장애는 기존에 속했던 신체형 장애 범주를 벗어나 새롭게 강박 및 관련 장애의 범주에 들어가게 되었다.

앞서 소개한 '성형 수술 뒤 사람들이 만족하고 행복하다'는 연구 결과에서 신체 이형 장애 환자들은 제외될 수밖에 없다. 아무리 완벽하게 성형 수술을 받는다 해도 이들은 자신의 외모에 여전히 심각한 문제가 있다고 생각하기 때문이다. 새로운 아름다움을 선사하며 삶까지 행복해지는 성형 수술의 마법은 마음의 문제를 치료하지 않는 한 신체 이형 장애 환자에게는 통하지 않는다.

서로의 얼굴을 보라

성형 수술의 유혹은 지금도 진행 중이다. 길거리에서 수없이 마주치는 성형 수술 전후의 광고에 성형 관련 방송 프로그램 속 참가자의 달라진 모습, 쌍꺼풀 수술은 요즘 기본이라며 개학 때 예뻐진 모습으로 나타난 친구의 변화 등 마음이 혹하는 경우가 많다. 사회 전반적으로는 외모 지상주의가 팽배해 내면보다 외면을 가꾸는 데 더 치중하도록 끊임없이 내모는 분위기가 있다. 이때 고민 없이 '친구 따라 강남'에 가지 않도록 주의해야 한다. 얼굴에 혹은 신체에 칼을 대는 것은 아무리 의학이 발달했다 하더라도 되돌아올 수 없는 강을 건너는 것과 같기 때문이다. 신중하게 고민할 필요가 있다.

2013년, 생활용품 기업 도브는 마케팅의 일환으로 찍은 〈진정한 아름다움 스케치〉라는 단편영화 캠페인을 공개했다.[5] 여성들이 자신의 외모를 어떻게 평가하는지 알아보는 실험 방식으로 진행된 이 영상은 실제 경찰서에서 근무한 법의학 몽타주 전문가가 등장한다. 전문가는 먼저 참가 여성이 자신의 얼굴을 설명하는 내용을 듣고 첫 번째 그림을 그렸고 이어서 다른 사람이 같은 여성의 얼굴을 묘사하는 대로 두 번째 그림을 그렸다. 참가자가 완성된 두 그림을 비교한 결과는 놀라웠다. 다른 사람들이 평가한 자신의 모습이 평소 자신이 알고 있던 모습보다 훨씬 더 아름답고 행복하고 밝아 보였기 때문이다.

이 광고는 "나는 생각보다 아름답다"라는 문장으로 끝을 맺는다. 그러나 애석하게도 세상은 아름다운 사람을 더 긍정적으로 판단하고 대우하는 방식으로 돌아가지 않던가. 그래서 성형 수술을 받기로 결심한다면 비현실적이고 허황된 기대를 갖지 않는 것이 중요하다. 성형 수술은 삶을 통째로 바꿀 수 있는 로또 복권이 아니다. 목표를 현실적으로 정해야 수술 이후 바뀐 외모에 만족하고 이후의 삶이 행복할 수 있다.

강준만 전북 대학교 교수가 잡지 〈인물과 사상〉에 기고한 한국 미용·성형의 역사를 개괄한 글의 제목은 '억울하면 출세하라에서 억울하면 고쳐라'였다. 이미 10년도 더 지난 글의 제목이지만 아름다움에 대한 몰개성적인 기준과 외모조차 경쟁력으로 인식되는 사회 분위기, 그리고 왜곡된 의료 현실이 겹쳐 성형 대국이 된 오늘날 한국의 상황을 잘 보여 준다. 물론 성형 수술이 필요한 사람은 분명히 있고 이를 통해 삶의 만족도가 올라가고 행복할 수 있다. 하지만 짙은 쌍꺼풀보다 외꺼풀의 인기가 오르는 것처럼 사회에서 선호하는 외모는 언제든 바뀔 수 있다. 미의 기준을 외부가 아닌 내부에서 찾을 수는 없을까? 자신의 현재 모습 그대로 만족하고 그런 자신을 사랑하는 자신감이야말로 진정한 미의 조건이지 않을까? 카이사르는 클레오파트라의 높은 코가 아니라 탁월한 교양, 우아한 태도, 넘치는 자신감에 반했음을 새삼 상기할 필요가 있다.

안면실인증

얼굴을 모르는 사람들

우리가 어디에서 만났죠

예전 직장에서 멀지 않은 곳에 유명한 칼국숫집이 있었다. 식사 시간이면 한 번에 많은 사람이 몰려 줄을 서서 기다리거나 낯선 이와 합석해서 먹는 경우가 종종 생겼다. 몇 해 전 겨울 날이 갑자기 추워지면서 따뜻한 국물이 먹고 싶어 이곳을 찾았다. 김이 모락모락 솟아나는 칼국수를 정신없이 먹고 있는데 주인아주머니가 한 노신사를 대각선 맞은편 자리에 안내하면서 합석을 부탁했다. 입안이 칼국수 면발로 가득 차 있어서 대답도 못 하고 고개만 급히 끄덕였다. "아유, 실례합니다" 하는 노신사의 인사에 가볍게 목례를 하며 고개를 그쪽으로 돌렸는데 깜짝 놀랐다. 합석한 손님은 다름 아닌 전공의 시절에 파견 나간 병원에서 만났던 한 교수님이었다. 급한 마음에 면을 후루룩 넘긴 뒤 부랴부랴 "안녕하세요?"라고 인사를 건네며 교수님과 눈을 마주쳤다. 그런데 교수님은 "아, 네. 안녕하세요"라고 내게 공손히 인사한 뒤 별다른 말씀 없이 고개를 돌렸고 이내 건조한 눈빛으로 벽에 붙어 있는 텔레비전을 응시했다.

'어, 내가 너무 살이 쪄서 나를 못 알아보나? 아니야. 파견 나갔을 때는 이미 살이 붙은 다음이었는데. 큰 실수 없이 나름 일도 잘해서 칭찬도 들었는데…. 뭐지 이건? 아, 작년인가 학회에서 만났을 때는 반갑게 아는 척 해 주셨는데. 그때 내가 무슨 실수를 했나? 혹시 금방 전에 먼저 인사를 하지 않아 언짢으셨나? 하지만 내가 알던 교수님은 그런 일로 노여워하실 분이 아닌데. 대체 왜 나를 보고도 모른 척하는 거지?'

질문이 꼬리에 꼬리를 물었다. 하지만 선뜻 내가 누구인지 밝히지 못했다. 대신 일부러 소리 내며 음식을 삼키고 국물이 짜다며 투덜대고 후추통을 식탁에 큰 소리로 내려놓으며 교수님의 주의를 끌어 보려 했다. 하지만 교수님은 별다른 반응을 보이지 않았고 식사를 마친 뒤 정중한 목소리로 "덕분에 편하게 먹고 갑니다"라고 인사하며 훌쩍 자리를 떴다. 기분이 묘했다. 사실 무시당한 것 같아 언짢았다. 집에 와서도 점심 때의 일이 머릿속을 떠나지 않았다. 고매한 인격의 소유자인 교수님이 절대 그럴 리 없다며 부인도 해 봤지만 낯에 나를 처음 보는 사람처럼 대한 사실은 분명했다. 하지만 고민도 잠시뿐 이내 '에이, 어차피 자주 볼 사이도 아닌데. 모르겠다. 잠이나 자야겠다'란 생각에 침대에 누웠다. 까만 잉크처럼 어두워진 천장을 멍하니 쳐다보고 있는데 갑자기 한 단어가 하얀 섬광처럼 뇌리를 스치고 지나갔다. 안면실인증!

안면실인증顔面失認症은 영어로 prosopagnosia인데 단어를 쪼개 어원을 살펴보면 '얼굴prosopon' '알지 못함agnosia'으로 이뤄져 있다. 쉽게 말해 얼굴을 인식하지 못하는 '얼굴맹盲'을 뜻한다. 이 질환을 갖고 있는 사람은 온전한 시력, 좋은 기억력, 온전한 지능을 갖고 있어도 사람 얼굴을 인식하지 못하는 특징을 지닌다. 심한 경우에는 거울 속에 비친 자신의 얼굴조차 알아차리지 못한다.

당연히 안면실인증을 앓는 사람의 삶은 불편할 수밖에 없다. 길거리에서 누군가 반갑게 인사하며 안부를 물어도 누구인지 알 수 없기 때문에 어색한 미소를 지으며 두루뭉술하게 인사를 건넨다. 불과 며칠 전에 사업 이야기를 꽤 길게 나눈 거래처 손님을 다시 만난 자리에서 마치 처음 만난 것처럼 같은 주제를 다시 꺼낸다. 서로 호감을 표했던 이성을 우연히 길거리에서 마주쳤을 때도 아는 척하지 못해 좋은 관계를 이어 나가지 못한다.

배우 브래드 피트도 어느 인터뷰에서 비슷한 어려움을 토로한 바 있다.[1] 안면실인증을 갖고 있는 그에게 사람들은 늘 낯선 존재였다. 그는 과거에 만난 사람을 다시 조우한 자리에서 보통 상대를 기억하는 척하거나 누구인지 짐작할 수 있는 단서를 찾을 때까지 기다리곤 했는데 사람들은 그런 행동을 무례한 것으로 여겼다. 문제를 해결하기 위해 "우리가 어디에서 만났죠?"라고 묻거나 실마리를 파악한 뒤 "도와줘서 고마워요"라고 말하는 시도도 해 봤지만 이는 사람들의 화를 더 돋울 뿐이었다. 불쾌해진 사람들은 브래드 피트가 자기중심적이고 거만하다고 비난했다.

안면 인식 능력을 확인하는 방법 중 하나는 많이 알려진 유명인의 얼굴을 이용하는 것이다. 이 방법은 2010년 세계과학축제에서 실제 안면실인증을 갖고 있는 신경과 의사이자 세계적 저술가인 고 올리버 색스와 극사실주의 화가 척 클로스를 초대한 프로그램에서 소개되면서 널리 알려졌다.[2] 진행자는 관객들에게 헤어스타일을 알 수 없는 10명의 유명인의 얼굴 사진을 각각 15초 동안 보여 준 뒤 이름을 적도록 했다. 시험의 초점은 어디까지나 얼굴을 얼마나 잘 파악하는지였기 때문에 이름의 철자가 틀리거나 이름이 정확히 떠오르지 않아 그냥 누구인지 묘사하는 것도 허용되었다.

대부분은 첫 번째와 두 번째 사진 속의 인물을 쉽게 알아맞혔다. 참고로 안젤리나 졸리와 버락 오바마 전 미국 대통령이었다. 하지만 세 번째 사진의 정답률은 크게 낮았는데 바로 영화배우 조니 뎁이다. 당시 일부 관객은 겨우 한두 명 정도만 맞힌 반면에 10명의 관객들은 모두 다 알아맞히는 기염을 토했다(흥미롭게도 모두 여성이었다). 그리고 너무나 당연한 이야기이지만 안면실인증을 갖고 있는 초대 손님 올리버 색스와 척 클로스는 누구나 아는 화면 속 유명인의 얼굴을 인식하지 못했다.

뇌가 얼굴을 인식하는 법

흔히 안면 인식 장애라고도 불리는 '안면실인증'이란 말은 독일 신경과 의사 요아힘 보다머가 처음 사용했다. 그는 제2차 세계대전에서 머리에 총상을 입은 뒤부터 얼굴을 알아보지 못하게 된 24세 군인의 증례를 보고하면서 이를 잘 표현하는 새로운 용어를 만들었다. 젊은 군인은 청각이나 촉각 같은 다른 감각을 이용해 사람을 구분할 수 있었고 심지어 걸음걸이나 특정 자세를 통해서도 앞에 있는 사람이 누구인지 맞힐 수 있었다. 하지만 얼굴만으로는 친구나 가족뿐만 아니라 심지어 자기 자신도 알아차리지 못했다.

이처럼 원래 문제가 없다가 특정 시점 이후로 안면을 인식하지 못하는 경우를 후천성 안면실인증acquired prosopagnosia이라 부른다. 대개 뇌의 안면 인식을 담당하는 영역에 발생한 외상·뇌졸중·뇌염·뇌종양 같은 기질적 문제가 원인으로 작용한다. 당연한 이야기지만 뇌에 이상이 발생하기 전까지는 아무 어려움 없이 수행하던 기능을 갑작스럽게 잃어버린 사람의 일상생활은 크게 불편해진다. 친밀했던 사람들의 얼굴이 어느 날 갑자기 모두 납작한 하얀 타원형으로 보이면서 구분되지 않는다면 얼마나 힘들겠는가.

뇌의 어떤 영역에 문제가 생길 때 안면을 인식하지 못하게 되는 것일까? 지지GG로 알려진 한 남성의 뇌에서 해답을 찾아보자.[3] 지지는 2002년 뇌졸중을 앓은 이후 직장 동료·이웃·친구뿐 아니라 배우·정치인·운동 선수 같은 유명인의 얼굴도 인식하지 못하게 되었다. 또한 그는 텔레비전 드라마를 즐기지 못하게 되었다. 주인공과 악당이 혼동되고 죽은 줄 알았던 인물이 버젓이 살아 있다면 그 어떤 이야기가 재미있겠는가.

지지에게 이런 어려움을 초래한 뇌졸중의 원인은 후대뇌동맥의 허혈성 경색이었다. 쉽게 표현하면 뇌의 뒷부분에 혈액을 보내는 혈관이 막히면서 뇌세포에 산소와 영양분이 공급되지 못해 이 혈관을 통해 혈액을 공급받는 뇌 조직이 손상되고 신경학적 장애가 발생한 것이다. 지지의 자기공명영상MRI 사진을 보면 우측 후두엽, 방추상회, 해마방회에 손상이 발생했음을 확인할 수 있다.

간단해 보이는 안면 인식에는 사실 복측 후두-측두피질의 핵심 영역과 후두피질, 전두피질의 확장 영역이 복잡하게 관여하는데 주된 영역 중 하나가 바로 방추상회이다.[4] 방추상회는 이름에서 짐작할 수 있듯이 가운데가 굵고 양끝이 가는 방추紡錘 모양을 띠고 있으며 뇌의 다른 부분보다 조금 더 튀어나와 있다. 참고로 주름이 많은 뇌의 표면에서 돌출된 부분을 회回 혹은 이랑, 이랑과 이랑 사이의 들어간 부분을 구溝 혹은 고랑이라 부른다. 방추상회 영역이 담당하는 일 중 하나가 안면 인식이기 때문에 이 부위의 이상 소견은 자연스럽게 안면실인증으로 연결된다.

하지만 뇌의 기질적 문제가 이곳에만 국한해 발생하는 경우는 매우 드물다. 보통 주변 영역까지 손상되는 경우가 흔한데 이는 추가적으로 다른 신경학적 장애를 유발할 수 있다. 앞서 소개한 지지의 경우에도 반맹, 즉 시야의 반이 보이지 않는 상태나 지형학적 방향 감각 상실, 즉 집이나 동네 가는 길을 순간적으로 잊어버리는 증상을 갖고 있었다. 이외에도 색채실인증이라는 색을 구분하지 못하는 증상과 대상실인증이라는 사물을 인식하지 못하는 증상 등이 동반되곤 한다.

뇌 손상으로 인해 안면실인증을 갖게 된 사람들은 여러 방법을 통해 자신이 새롭게 직면한 어려움을 극복해 나간다. 예를 들면 머리 모양·안경·수염·장신구·옷차림·목소리·몸의 형태·걸는 모습 등을 통해 만나는 사람이 누구인지 파악한다. 또한 '1층 입구에 앉은 직원은 오 대리, 일정표를 건네주는 사람은 최 비서' 하는 식으로 구체적 맥락을 통해 일상에서 마주치는 사람을 구별한다. 그러고 보니 칼국숫집에서 나를 외면했던 교수님이 내 의견을 물을 때 내가 앉아 있던 자리는 파견 나온 전공의를 위한 고정석이었고 교수님이 학회장에서 먼저 반갑게 인사할 때 나는 커다란 명찰을 차고 있었다.

보톡스의 과학과 역사

정신과 진료실은 단순하다. 혈액 검사를 하는 내과나 엑스레이 촬영을 하는 정형외과와 달리 마주 앉아 있는 사람과 이야기를 나누는 진단 과정이 다이기에 별다른 진단 도구가 없다. 증상의 호전을 위해 약물을 포함한 여러 치료법을 쓰기도 하지만 단순하게 방문자가 갖고 있는 마음의 어려움에 공감하는 부분이 가장 크다.

진료는 환자의 기분을 묻는 것부터 시작된다. 학술적으로 표현하면 환자가 근래 주관적으로 경험한 정서 상태를 파악하는 것이다. 기분을 언급할 때 의사는 진료실에서 객관적으로 관찰하는 환자의 정서 상태인 정동affect을 같이 파악한다. 환자의 기분과 정동이 차이가 나거나 심지어 정반대인 경우도 있으므로 정동을 잘 파악하는 것은 진료실에서 매우 중요하다.

요즘은 나름대로 오랫동안 갈고 닦아 온 정동 탐지 레이더가 제대로 작동하지 않는다는 느낌이 들곤 한다. 대상은 대개 미용 성형 시술이나 수술을 받은 사람들이다. 그들의 얼굴에 나타난 물리적 변화를 정동의 변화로 오해하기도 하고 심지어는 표정 자체를 읽는 것이 쉽지 않을 때도 있다. 정신과와 전혀 상관없을 것 같은 보톡스가 일으킨 변화이다.

보톡스는 클로스트리디움 보툴리눔이라는 세균에서 생성된 보툴리눔 독소botuluium toxin를 주성분으로 한 의약품이다. 이 독소는 매우 치명적이어서 이상적인 조건에서는 공기 중 1그램만 살포해도 무려 100만 명 이상의 사람들을 죽일 수 있다.[5] 보톡스는 시냅스synapse에 작용하여 근육 수축에 필요한 신경 전달 물질의 분비를 억제시킨다. 따라서 보톡스에 중독된 사람들은 대개 호흡 근육이 마비되면서 숨을 제대로 쉬지 못해 사망에 이르게 된다.

근육이 제대로 수축되지 않는 보툴리즘botulism 증상은 보통 상한 음식에서 나오는 보툴리눔 독소에 의해 발생한다. 19세기 초 이 증상을 처음 규명한 의사 유스티누스 케르너는 상한 소시지를 원인으로 지목했고 나중에 세균의 이름을 정할 때 소시지를 뜻하는 라틴어 보툴루스botulus를 빌려와 이름을 붙였다. 2004년 한국에서 유일하게 보고된 보툴리즘 증례도 역시 일가족 3명이 찜질방에서 진공 포장된 소시지를 날로 먹어 발병했던 것으

로 알려졌다.[6]

제1, 2차 세계대전 중에는 보툴리눔 독소를 세균전에 사용하려는 움직임이 있었다. 연구는 극비리에 진행되었지만 치사율이 일정하지 않고 쉽게 비활성화되어 2차적 감염이 일어나지 않는 등의 이유로 실전에는 사용되지 못했다. 하지만 연구 과정 중에 보툴리눔 독소를 정제해 추출하는 방법이 발견되었고 이는 훗날 치료 목적으로 사용될 보툴리눔 독소 생산의 기본적인 토대가 되었다.

보툴리눔 독소의 의학적 사용은 처음 안과에서 시작되었다. 1960년대 말 미국의 안과 의사 앨런 스콧은 사시, 즉 두 눈이 정렬되지 않고 다른 지점을 바라보는 시력 장애의 비수술적 치료 방법을 찾고 있었다. 수술을 통해 사시를 갖게 된 원숭이의 눈 근육에 여러 물질을 넣어 보던 중 보툴리눔 독소의 효과가 매우 탁월한 것으로 나타났다.[7] 이후 임상 실험을 거친 뒤 1979년 보툴리눔 독소는 사시 치료 목적으로 미국 식품의약국FDA의 승인을 받게 되었다. 독이 약으로 바뀌는 순간이었다. 시간이 지나면서 여러 이상 운동 질환으로 적용 범위가 넓어졌고 최근에는 여러 과에서 다양한 치료 목적으로 사용하고 있다. 과거 세균전의 후보가 현재 다재다능한 치료제로 환골탈태한 것이다.

한편 미용 분야에서는 우연한 계기로 사용되기 시작했다. 1987년 캐나다의 안과 의사 진 캐루더스는 보툴리눔 독소를 이용해 안검 경련을 치료하던 중 한 환자로부터 주사를 맞으면 눈이 잘 떠질 뿐만 아니라 주름이 사라진다는 말을 들었다. 그날 밤 피부과 의사였던 남편 알테어 캐루더스에게 이를 말했지만 남편은 반신반의했다. 진은 굴하지 않고 다음 날 병원의 접수처 직원의 얼굴에 보툴리눔 독소를 주입한 뒤 남편에게 보여 줬다. 이번에는 설득할 필요가 없었다. 직원의 얼굴은 너무나도 극적으로 변해 있었기 때문이다

이후 캐루더스 부부는 1991년 미국피부과학회에서 연구 결과를 발표했지만 청중은 별 관심을 보이지 않았다.[8] 심지어 학계의 한 유명인사는 "아무런 성과가 나지 않을 미친 생각이다"라고 혹평했다. 그러나 부부는 연구를 이어 나갔고 여러 학자가 속속 관련 연구에 참여했다. 시간이 흘러 2002년 FDA는 마침내 보툴리눔 독소를 이용한 주름 제거술을 승인했다. 독에서 약으로 탈바꿈했던 보툴리눔 독소가 미용 시술용으로 또 한 차례 변신을 이룬 것이었다.

표정에서 시작하는 감정

2000년대 들어 미용 목적으로 사용되는 보툴리눔 독소 시장은 폭발적으로 성장하기 시작했다. 기존의 어떤 주름 제거술보다 더욱 효과적이고 간편하기 때문이었다. 아울러 보툴리눔 독

소라는 무서운 이름 대신에 개발을 주도한 제약 회사 엘러간이 붙인 보톡스라는 상품명이 널리 알려지게 되었다.

보톡스 한 방이면 주름이 사라지고 인상이 바뀌는 마법에 많은 사람은 열광했다. 특히 대중 앞에 자주 서는 연예인들에서 이런 현상이 두드러졌다. 하지만 배우들의 보톡스 시술이 늘어나면서 마틴 스코세지나 바즈 루어만 같은 감독은 얼굴 표정을 제대로 지으면서 감정을 표현하는 배우들을 찾기 어려워졌다는 불만을 토로했다. 국내 배우 조민수 역시 "배우는 희로애락을 표현해야 한다"면서 미미하더라도 보톡스 시술로 인해 표정과 감정이 바뀌는 것을 경계해야 한다고 말했다.

왜 배우나 감독 들은 보톡스를 경계했을까? 보톡스를 반복적으로 맞거나 혹은 다른 시술과 함께 받는 경우가 늘면서 피부가 지나치게 팽팽해져 얼굴이 부자연스러워진 사람들도 나타나기 시작했기 때문이다. 얼굴 표정에 변화를 일으키는 보톡스가 감정의 표현에 영향을 끼치기 시작한 것이다.

얼굴 표정이 감정에 영향을 주는 것을 심리학 용어로 얼굴 되먹임 이론facial feedback theory이라 한다. 얼굴 되먹임 이론은 사회 생활에서 필요한 모방 행동에 중요한 역할을 한다. 예를 들면 실연을 당해 울먹거리는 친구의 이야기에 귀를 기울일 때 나도 모르게 친구의 슬픈 표정을 따라 지으면서 친구의 우울한 감정을 나도 느끼는 식으로 모방이 이뤄진다. 모방이 잘 이뤄지지 않았을 때 친구에게 건네는 위로는 피상적인 수준에 머무르게 된다. 따라서 서로의 얼굴 표정을 모방하면서 우리는 서로의 감정을 공감하게 된다.

미국의 한 연구진은 보톡스로 눈썹 사이의 주름, 일명 내 천川자 주름을 지운 여성들을 대상으로 시술 전후로 여러 감정을 유발하는 글을 읽도록 했다.[9] 눈썹을 가운데로 모아 미간에 주름을 만드는 눈썹 주름근에 보톡스를 주입하자 참가자들이 글에 담긴 감정(특히 분노나 슬픔)을 이해하는 데 시간이 더 많이 걸리는 것으로 나타났다. 얼굴 되먹임 이론 그대로 얼굴에 감정을 제대로 표현하지 못하면서 감정을 느끼는 것에 문제가 발생한 것이다.

주름 제거에 흔히 사용되는 필러와 비교하면 보톡스의 이런 특징이 잘 확인된다. 한 연구에서 필러 약물 중 하나인 레스틸렌restylane과 보톡스를 주입한 여성들에게 사진 속 인물의 감정을 맞혀 보도록 하자 필러를 주입한 여성들의 정확도가 더 높았다.[10] 이런 결과는 근육의 수축을 억제해 얼굴 표정에서 뇌로 들어가는 되먹임을 감소시키는 보톡스와 달리 피부 아래에 주입하는 필러는 근육의 기능을 바꾸지 않기 때문이었다. 보톡스를 맞으면 상대의 표정을 따라짓기 어려워지고 그만큼 상대의 감정을 느끼지 못할 수 있다. 보톡스를 맞은 뒤 동안이라는 외면의 미를 얻었지만 공감 능력이라는 내면의 미를 잃게 되는 셈이다.

주름 제거와 우울증

얼굴 표정뿐만 아니라 감정을 바꾼다는 점에서 보톡스를 부정적인 시각으로 보는 사람들도 있지만 이를 이용해 우울증을 치료하려는 사람도 있다. 미국의 피부과 의사 에릭 핀치는 2000년 초반부터 보톡스로 우울증을 치료하려는 시도를 하고 있다. 전공과 동떨어져 보이는 분야에 그가 관심을 보인 계기는 모친의 우울증 때문이었다.

우울증을 반복적으로 겪었던 그의 어머니는 남편과 사별한 뒤 다시 극심한 우울증을 앓았다. 미간의 주름은 깊어졌고 치료를 받아도 호전되지 않아 그는 아들로서 무력감을 느꼈다. 결국 어머니는 얼굴을 잔뜩 찌푸린 채 76세를 일기로 세상을 떠났다. 장례를 마친 뒤 그는 다른 환자들의 고통스러운 표정을 그리면서 얼굴 표정과 사람들의 감정에 대해 다시 한번 깊게 생각해 보게 되었다. 어릴 적 그는 어머니의 콧잔등의 찌푸림과 깊어진 주름, 짙어진 다크서클을 보면 어머니의 증세가 나빠졌음을 알 수 있었다. 말이 아닌 표정을 통해 어머니의 마음속 고통을 느꼈던 기억은 오랫동안 핀치의 마음 한구석에 남아 있었다.

우연히 얼굴 되먹임 이론을 접한 그는 문득 얼굴에서 고통스러운 표정을 지우면 고통 그 자체도 사라지지 않을까, 하는 생각을 하게 되었다. 마침 핀치에게는 매우 유용한 무기, 보톡스가 있었다. 2003년 핀치는 본격적으로 연구에 착수했다.[11] 우울증 환자 10명의 패여 있는 눈썹 사이에 보톡스를 주입했다. 움푹 들어간 미간은 슬픔·분노·공포와 같은 부정적인 감정을 느낄 때 잔뜩 주름지는 곳이었다. 결과는 예상을 뛰어넘었다. 두 달 뒤 10명 중 9명의 증상이 눈에 띄게 좋아졌다. 그는 뿌듯한 마음으로 연구 결과를 발표했지만 크게 주목받지 못했다. 연구의 규모가 매우 작았고 방법상 많은 제한점을 지녔기 때문이었다. 오히려 연구를 둘러싼 의심이 넘쳐 나거나 예능 프로에서 가끔 잡담거리로 다뤄질 뿐이었다.

핀치의 논문 이후 뒷받침하는 몇몇 후속 연구가 있었지만 아직 보톡스를 이용한 우울증 치료 연구는 걸음마를 뗀 수준에 불과하다. 당장 내가 진료실에서 보톡스로 '주름도 지우고 우울증도 지웁니다' 하면 흰소리 취급 당하기 십상이다. 하지만 핀치의 통찰과 노력은 시사하는 바가 크다. 얼굴 표정에서 감정을 읽고 마음의 고통에 공감하면서 바깥에서 도움을 제공해 내면의 어려움을 해결하려 했다. 보톡스가 주는 진정한 교훈이지 않을까?

상대의 감정을 읽기

2019년 연말 올해의 사자성어로 공명지조共命之鳥가 선정되었다. 한 몸에 두 개의 머리를 가진 새를 의미하는데 어느 한쪽이 없어지면 남은 한쪽은 잘 살 것 같다고 생각하지만 그러다가 모두 죽고 만다는 뜻의 사자성어는 우리 사회에서 심각해진 분열의 문제를 제기한다. 정치 성향에 따라, 성별에 따라, 사는 곳에 따라, 직장의 지위에 따라, 사분오열된 채 대립과 갈등, 불신과 반목이 넘쳐나고 있는 것이 지금의 현실이다.

파편화된 사회에서 사람들의 고통은 커질 수밖에 없다. 전투적으로 살면서 발생하는 삶의 무게를 서로 전가하면서 고통의 늪으로 빠져들고 있는 우리에게 진정으로 필요한 것은 바로 공감이다. 때로 의견이 엇갈리고 부딪힌다 할지라도 먼저 상대를 바라보고 표정을 읽으며 감정을 느끼고 상대의 입장이 되어 보는 노력, 즉 공감을 통해 서로 의지하고 연대한다면 건강한 사회가 될 수 있을 것이다.

"행복해서 웃는 것이 아니라 웃어서 행복한 것이다" 미국의 심리학자 윌리엄 제임스가 남긴 말이다. 치열한 경쟁으로 삶이 녹록하지 않지만 그래도 희망의 끈을 놓지 않기 때문인지 우리 사회에서 언제부터인가 많이 애용되는 문장이다. 얼굴 되먹임 이론에 부합하는 이 주장을 조금 더 확장시켜 보면 어떨까? 얼굴에서 우울한 표정을 지우면 우울함도 사라지지 않을까?

주요 우울 장애

우리들의 우울증에 대하여

자아의 빈곤과 죄책감

정신과 의사로 살다 보면 주변 지인들에게 우울증과 관련한 질문을 심심치 않게 듣는다. "그동안 추진하던 프로젝트가 물거품이 되어 속상한데 이거 우울증이니?" "집주인이 전세금을 올린다는데 내 처지가 우울하네. 나 약 먹어야 할까?" "부인이 애를 낳고 요새 영 기운이 없는데 입원해야 하는 것 아닐까?" 대개 지인들은 기대에 가득 찬 눈으로 질문을 던지고 뭔가 명쾌한 답변을 기다린다. 하지만 어떻게 그런 짧은 이야기로 우울증 여부를 진단한단 말인가? 정신분석의 창시자 지그문트 프로이트나 노벨상을 받은 정신과 의사 에릭 캔델이 온다 해도 답하지 못할 질문이다. 나름 머리를 써서 모호하게 교과서적인 답변을 하면 이내 실망스러운 눈빛이 돌아온다. 지인들의 기대에 부응하지 못하면 왠지 위축되지만 우리들의 우울증에 대하여 하나하나 살펴보자. 평소 잘 지내던 주변 사람들이 다음과 같이 바뀐 모습을 보인다면 무엇을 의심해 봐야 할까?

1. 수업에 집중하지 못해 학교 성적이 떨어지고 부쩍 짜증이 많아진 청소년
2. 자격증 준비를 하지 않고 많이 먹고, 자며 게을러진 취업 준비생
3. 불면증으로 밤을 꼬박 새고, 불안하고 초조해 성과를 못 내는 직장인
4. 삶에 낙이 없다며 평소에 즐겨 먹던 음식마저 먹지 않는 주부
5. 겨울만 되면 동면하는 곰처럼 활동이 줄고 늘어지는 중년 남성
6. 기억이 떨어져 보이는데 치매 검사에는 대충 임하는 할아버지

정답은 우울증이다. 흔히 우울증 하면 '기분이 우울해요' '재미있는 게 없어요' 정도가 떠오르겠지만 사실 우울증은 매우 다양한 형태로 나타난다. 어린이나 청소년에서는 우울하고 처지는 모습보다 예민하고 짜증 내는 모습이 더 많이 나타날 수 있다. 식욕이나 수면의 경우 일반적으로는 감소하지만 비전형적 양상일 때는 증가한다. 정신적인 작용이 신체로 나타나는 정신운동성psychomotor 초조나 지연으로 안절부절못하거나 정반대로 느릿

느릿 둔한 모습을 보인다. 또한 특정 계절을 탄다거나 단지 환경 변화에 예민한 특성 정도로 여겨지거나 집중도 안 되고 귀찮아서 답하지 않는 우울증 노인을 두고서는 기억력이 떨어진 것이란 오해를 하기도 한다.

다양한 모습으로 나타나지만 역시 우울증의 핵심 증상은 '우울한 기분'이다. 문제는 우울한 기분을 어떻게 정의하는지에 있다. 가족이나 가까운 친구를 잃을 때, 집안에 큰 경제적 곤란이 닥칠 때, 사랑하는 사람과 헤어질 때, 오랫동안 준비한 시험에 떨어질 때 우리는 우울한 기분을 느낀다. 부정적 상황에서 우울하지 않으면 오히려 이상한 것이다. 우울한 기분이 2주 이상 지속되면서 앞서 언급한 여러 증상이 동반될 때, 그리고 이로 인해 학교·가정·직장에서 평소의 활동을 이어 나가지 못할 때 정신과 의사는 우울증, 주요 우울 장애major depressive disorder 진단을 내리게 된다.

우울증에 대해 물어보는 지인들이 가끔 원론적인 질문을 추가로 할 때가 있다. 일반적인 슬픔과 우울증에서의 우울이 어떻게 다르냐는 것이다. 그럴 때면 나는 전가의 보도처럼 "프로이트 아시죠? 정신분석의 창시자?" 하면서 설명을 이끌어 나간다.

프로이트는 1917년의 논문 〈애도와 멜랑콜리아〉에서 이렇게 말했어요. 애도Trauer(슬픔)에서는 빈곤해지고 공허해지는 것이 세상이지만 멜랑콜리아, 즉 우울에서는 '자아 그 자체이다'라고 말이죠. 슬픔의 감정은 중요한 대상을 잃은 뒤 이를 점차적으로 받아들이면서 상실의 충격으로부터 벗어날 수 있어요. 반면에 우울은 상실로 인한 고통 속에서 자아의 빈곤을 느끼면서 대상의 상실을 자기 비난으로 해소하려고 해요. 그래서 우울증에 빠진 사람은 스스로를 쓸모없고, 보잘것없다고 느끼며 비난하고 처벌하려고 해요. 즉 부적절한 죄책감이 슬픔과 우울을 구분 짓는 큰 특징이라고 할 수 있어요.

프로이트와 뇌 영상

우울증과 죄책감에 대한 프로이트의 오래전 통찰은 최근의 뇌 영상 연구에서도 확인할 수 있다.[1] 영국의 한 연구진은 우울증을 이전에 앓았던 사람과 일반인의 뇌에서 죄책감과 연관된 영역과 적절한 행동을 지시하는 영역 사이의 연결성을 살폈다. 우울증 경험자들 뇌는 두 영역의 연결성이 감소해 있었다. 그리고 자주 우울증에 걸리는 사람들은 자신에 대한 비난의 감정을 느낄 때 양 영역의 소통이 이뤄지지 않으면서 온전히 기능하지 못하고 있었다. 이런 결과는 우울증을 겪었던 사람들이 죄책감을 느낄 때 적절하게 평가해서 대응하지 못하고 책임질 일이 아닌데도 미안해하고 자책하는 모습의 배경을 잘 설명한다.

부적절하고 과도한 죄책감은 우울증 증상 중 가장 위험한 자살 사고로 이어질 수 있다. 특히 우울증 증상이 심할 때에는 '어떤 일이든지 다 내가 잘못한 것 같고 내 책임이다'라는 죄책 망상이나 '다 망해서 나에게 아무것도 남지 않은 것 같다'라는 빈곤 망상이 동반될 수 있다. 이런 상태에서는 아무리 주변에서 환자를 설득하고 달래도 소용없다. 환자는 자신을 모든 문제의 원인이자 책임으로 여기고 식사를 전면적으로 거부하거나 스스로 목숨을 끊으려는 행동 같은 극단적인 모습까지 보이게 된다.

자살이 가진 전염성

2019년 늦가을 가수 고故 구하라가 자신의 집에서 숨진 채 발견되었다. 절친이었던 설리가 세상을 떠난 지 불과 42일 만에 들려 온 비보였다. 인스타그램 라이브 방송 중 설리를 향해 '언니가 네 몫까지 열심히 살게. 열심히 할게' 공개적으로 다짐했던 구하라였기에 대중이 받은 안타까움과 충격이 더 컸다. 또한 유명 연예인의 연이은 극단적 선택은 언론을 통해 전해지기 때문에 많은 사람들에게 자살의 전염성에 대한 우려를 불러일으켰다.

유명인이 신변 비관으로 세상을 뜰 때마다 베르테르 효과werther effect라는 용어가 함께 자주 언급된다. 이 용어의 기원은 독일의 문호 괴테의 소설《젊은 베르테르의 슬픔》에서 시작된다.

1774년 출간된 이 소설의 주인공이 비극적으로 생을 마감하자 자살하는 젊은이의 수가 급속하게 증가했다. 책은 다음 해 판매가 금지되었다. 1974년 미국의 사회학자 데이비드 필립스는 사회적으로 존경받거나 인기 있는 유명인의 안타까운 자살 소식에 심리적으로 동조하며 모방하는 사회 현상을 두고 200년 전의 현상을 빗대어 베르테르 효과라는 이름을 붙였다.

자살에도 전염성이 있다는 필립스의 주장은 이후 사회학과 정신의학에서 많은 주목을 받았다. 2005년부터 13년 동안 자살률 1위였던 한국은 2017년, 경제협력개발기구OECD에 새로 가입한 리투아니아에 밀려 2위가 되었지만 2018년부터 다시 1위에 올라섰다. 이렇듯 2005년부터 OECD 자살률 1위를 거의 놓치지 않고 있는 한국에서도 유명인의 자살 소식에 베르테르 효과가 빠지지 않고 언급된다. 하지만 베르테르 효과가 실제 존재하는지, 존재한다면 어느 정도로 모방 자살에 영향을 주는지 여부는 학자들 사이에서도 의견이 분분한 상황이다.

이런 상황에서 2019년 울산 대학교 의과대학 연구진이 10건의 유명 자살 사례가 끼친 영향을 분석한 연구가 흥미롭다.[2] 연구진은 1993년부터 2013년까지 신문에서 가장 많이 보도된 유명인(배우·정치인·기업가·아나운서)의 자살 사례 10건을 추렸다. 그리고 같은 기간 동안 국내에서 발생한 만 10~69세의 자살 사례를 분석해 모방 자살의 강도와 사망률을 분석했다.

연구 결과, 이십대 여성의 모방 자살의 강도가 평균 2.31배 높았고 사망률도 22.7명 증가해 유명인 자살에 가장 영향을 많이 받는 집단이라는 결과가 나왔다. 반면 연예인 팬의 상당수를 차지하고 감수성이 예민한 십대는 예상과 달리 성인보다 모방 자살에 민감하지 않았다. 또 다른 의외의 분석 결과는 모방 자살에 별로 영향을 받지 않을 것 같은 오십대 남성에서 나왔다. 모방 자살의 강도는 약 1.29배로 다른 집단보다 두드러지지 않았지만 사망률은 20.5명 증가해 이십대 여성에 이어 2위를 차지한 것이다. 베르테르 효과에 취약한 계층이 존재하므로 자살 예방 정책 역시 촘촘하게 짤 필요성이 있다는 것을 시사한다.

또한 문화 콘텐츠나 언론이 자살을 다룰 때 세밀하고 주의 깊게 접근해야 한다. 미국의 한 자살 예방 단체는 넷플릭스에서 고등학생 주인공이 자신이 자살하는 열세 가지 이유를 녹음 테이프에 남긴 이야기를 다룬 〈루머의 루머의 루머〉라는 드라마가 나오자 방영 금지를 권고하기도 했다. 하지만 제작사는 "이 작품이 자살에 대한 사회적 대화의 촉매제가 되길 기대한다"며 방영을 강행했다. 하지만 드라마 방영 후 이런 결정이 매우 위험한 선택이었음이 여실히 드러났다. 2017년 3월 드라마가 공개된 뒤 인터넷에서는 '어떻게 자살을 하는지' '자살하기' 등의 키워드로 자살 관련 검색어가 증가했고 다음 달 드라마 등장인물들과 유사한 나이 대인 10~17세 청소년의 자살률 역시 증가했다.[3]

언론 역시 마찬가지이다. '언론이 자살 보도를 하지 않을수록 자살을 예방할 수 있다'라는 말이 있을 정도로 잘못된 자살 보도가 끼치는 사회적 악영향은 크다. 한국에서는 2004년 보건복지부와 한국기자협회가 자살 보도의 사회적 책임을 인식하고 언론과 개인이 자살 예방에 동참할 것을 권유하고자 자살 보도 권고 기준을 마련했고 2013년과 2018년 두 차례에 걸쳐 개정이 이뤄졌다. 하지만 근래에 설리의 자살 보도를 둘러싸고 선정적 보도가 이어지면서 언론은 빈축을 샀다. 권고 기준을 아무리 열심히 만들고 다듬어도 따르지 않으면 의미 없다. 자신이 쓴 기사의 조회 수를 높이고 포털의 실시간 검색어를 노리는 욕구가 굴뚝같더라도 사회적 책임을 방기할 수는 없다.

우울증 환자의 얼굴

이십대 초반 나는 우울증을 앓고 있다고 생각했다. 대학 수학 능력 시험을 망치고 원하던 학교에 진학하지 못했기 때문이다. 꽤 긴 시간 동안 기분이 우울했고 재미있는 일이 없었으며 만사가 귀찮았고 밥맛도 없었다. 잠을 설치기 일쑤였고 스스로의 삶을 가치 없다고 느꼈다. 특히 아픈 상처를 떠올리는 입시철이 되면 일종의 기념일 우울증holiday blue처럼 더 심해지곤 했다.

하지만 본과 3학년 병원 실습 때 정신과 병동에서 만난 진짜 우울증 환자를 보면서 나의 생각은 바뀌었다. 우울증 환자의 얼굴 속에는 세상의 모든 슬픔과 절망이 담겨 있었고 대화를 나눌 때마다 내 마음도 심연으로 가라앉는 듯했다. '아, 이게 진짜 우울증이구나!' 환자의 우울한 마음이 전해질 때마다 내가 우울증이라고 여겨 온 감정이 사치라는 생각마저 들었다. 이후 다시는 농담으로라도 '나 우울증인가 봐'라는 말을 꺼내지 못했다. 우울증 환자가 겪는 마음의 고통과 일상생활에서 겪는 어려움이 매우 크다는 사실을 깨달았기 때문이다.

미디어에서 우울증을 흔히 '마음의 감기'라고 부른다. 일상에서 누구나 걸릴 수 있는 질환이라는 것을 강조해 정신과 진료실의 문턱을 낮추기 위해 쓰이는 표현임을 이해한다. 하지만 우울증이 삶에 끼치는 부정적 영향을 생각하면 우울증을 감기에 빗대는 것은 오히려 증상의 심각성을 가리는 잘못된 비유일 수 있다. 일상에서 다양한 형태의 우울증이 발현되고 있고 생명을 좌우하고 있는 만큼 우울증에 대한 올바른 사회적 인식이 필요하다.

우울증이 불러일으키는 어려움 중 가장 치명적인 부분은 자살로 이어지는 생각이다. 부적절하고 과도한 죄책감은 무의식적인 자기 비난과 처벌의 결과이며 스스로의 목숨을 끊는 극단적인 형태로 표출될 수 있다. 한국의 자살률은 매우 높다. 여러 원인이 있겠지만 사회적으로는 베르테르 효과, 모방 자살도 염두에 둬야 한다. 사람 사이에서 우울한 마음이 전달되듯이 자살의 전염성은 막기 어렵다.

우울증을 줄이기 위한 어떤 사회적인 노력이 있을 수 있을까. 정신의학에서는 베르테르 효과와 반대되는 말로 파파게노 효과papageno effect라는 말이 있다. 파파게노는 모차르트의 오페라 〈마술피리〉에 등장하는 인물이다. 파파게노가 연인을 잃고 스스로 삶을 마감하려 할 때 요정들이 나타나 노래를 부르며 그의 마음을 돌이키는 장면에서 유래했다. 사회 구성원 모두가 요정들처럼 자살을 막는 희망의 노래를 불러야 한다. 언론이 과도한 자살 보도를 줄이고 신중한 관점을 견지한다면 사회 전체의 자살률을 감소하는 데 일조할 수 있다.

공황 장애

심장이 뛰고 앞이 캄캄하다면

두려움과 당황스러움

2016년 12월 박근혜 정부의 비선 실세 최순실의 국정 조사 청문회가 한창일 때 공황 장애가 실시간 검색 순위에 올랐던 적이 있다. 최순실이 불출석의 사유를 '공항 장애'로 밝혔기 때문이다. 기어이 '공항에 못 가는 병인가?'라는 아재 개그 한마디를 붙인 이들도 있었지만 대부분의 사람들은 '공황 장애'의 오타라고 쉽게 알아챘다. 한국 사회에서 근래에 가장 많이 알려진 정신 질환이 공황 장애이기 때문이다.

공황은 두려움恐과 당황스러움慌의 상태이다. 비슷한 상황을 역사 속에서 찾아볼 수 있다. 바로 1929년 전 세계를 혼란으로 몰고 간 경제 대공황이다. 주가의 연이은 폭락, 기업과 은행의 도산, 실업과 가난의 소용돌이를 갑작스럽게 마주치면 어찌할 바를 모르고 우왕좌왕하게 된다. 바로 그런 상태가 공황 상태이다. 대공황은 영어로 Great Depression이지만 사람들의 혼란스러운 심리에 무게를 두면 영어보다는 한국어가 더 적절하다는 생각도 든다.

공황 장애는 대공황과 이름만 비슷한 것이 아니다. 사람들의 삶에 갑자기 나타나 오랫동안 떠나지 않으며 삶을 황폐하게 만드는 특징과 해결하는 과정에도 비슷한 측면이 있다. 경기 부양을 위해 자유방임주의 대신 수정 자본주의가 도입된 것처럼 공황 장애의 극복을 위해서는 개인적인 치료뿐만 아니라 사회적인 노력도 필요하다.

맞서거나 회피하거나

만약 어두운 골목길을 긴장하며 지나가다가 어떤 수상스러운 일행이 무리 지어 다가온다면 그리고 그중 한 사람이 손을 찔러 넣은 바지 주머니가 불룩하고 형태가 칼인 것 같다면 어떻게 대처해야 할까. 걸음아 날 살려라, 도망치거나 맞서 싸웠을 것이다. 이처럼 예상치 못한 위협이 닥쳐올 때 인간은 두 가지 반응인 투쟁-도피 반응fight or flight response으로 상황을 마주하게 된다. 싸우거나 도망치는 이분법적 선택은 오래전 인류가 사냥으로 연명하던 시절 맹수를 마주치던 때부터 인간의 유전자 속에 각인되어 있는 본능적 행동이다.

위협이 다가오면 인간의 몸에서는 즉각적인 변화가 시작된다. 중요한 장기로 에너지와 산소를 공급하기 위해 심장은 빨리 뛰고 호흡은 가빠지며, 다리 근육이나 가슴 근육 같은 큰 근육에 힘이 들어가고 에너지가 빨리 사용되면서 식은땀이 나고, 전신이 긴장한다. 일련의 변화는 마음먹은 대로 조절되지 않고 부지불식간에 빠르게 나타난다. 싸움이나 도망에 있어서 일단 필요한 것은 이성이 아니라 본능이기 때문이다.

위험한 상황을 감지한 뇌도 경보를 온몸에 울려 위기에 맞설 준비를 한다. 하지만 가끔 뇌가 경보를 잘못 울릴 때가 있다. 뇌에서 잘못된 경보가 울리면 낯선 신체적 변화가 일어나고, 사람들은 병원을 찾는다. 심장이 쿵쾅거리고 아팠으니 심장 내과에 가 보고 숨이 헐떡거리고 멎는 것 같았으니 호흡기 내과에 그리고 구토가 나고 속이 불편했으니 소화기 내과에 간다. 하지만 검사 결과는 다 정상이다. 고개를 갸우뚱해 보지만 별수 없다. 다시 일상으로 복귀하는데 또 발작이 온다. 이번에는 어지럽고 기절할 것 같았으니 신경과에 가고, 몸이 마비된 것 같고 따끔한 느낌이 들었으니 신경외과에 간다. 또 검사 결과는 다 정상이다. 뭔가 이상하다. 불안감은 점점 커져만 간다. 급기야는 무슨 마가 낀 것이 아닌가 하며 점집을 가거나 굿을 하기도 한다.

공황은 정상적이지만 공황 발작은 비정상적 반응이다. 특별히 위험하지 않은 상황인데도 뇌는 위협이 임박한 것으로 느끼고 이에 대비하도록 몸에 신호를 보낸다. 상황과 맞지 않는 갑작스러운 신체적 변화에 스스로의 몸을 통제하지 못한다고 느끼거나 이러다 미치거나 죽는 것은 아닌가 하는 두려움이 엄습한다. 이를 정신과에서는 공황 발작panic attack이라 부른다.

공황 발작은 신체 증상으로 표현되므로 병원에서는 먼저 몸의 이상을 확인한다. 하지만 앞의 예시처럼 별다른 문제가 없다면 마음, 정확히는 뇌를 살펴야 한다. 공황 발작은 뇌에서 잘못 울린 경보에서 비롯하기 때문이다. 공황 발작을 겪는 사람들의 뇌에서는 두려움과 불안을 처리하는 편도체를 포함한 공포 회로가 활성화된다.[1] 그리고 두려움과 불안이 과도하게 생성되지만 편도체의 활동을 제어하는 전두엽이 제대로 작동하지 않아 결국 '공포와 당황의 발작'에 이르게 된다.

공황 발작을 몇 번 경험하면 불안은 일상의 삶에서 넘치게 된다. 공황 발작이 또 언제 닥칠지 노심초사하고 이러다가 통제력을 잃고 미치는 것은 아닌지 염려한다. 또한 낯선 곳에서는 도움을 받기 어려울 것이라 생각하는 광장 공포증agoraphobia으로 인해 친숙하지 않은 상황을 피하거나 혹여 심장 마비가 오지는 않을까 하며 운동을 꺼리고 몸을 사리게 된다. 이처럼 공황 발작을 미리 걱정하는 예기 불안anticipatory anxiety으로 인해 일상생활에 적응하지 못하는 상황에 놓이게 되면 공황 장애panic disorder로 진단을 내릴 수 있다.

유명인사의 투병 회고

2000년대 중반 이후로 공황 장애는 가장 널리 알려진 정신질환이 되었다. 공황 장애의 전도사는 예능 프로그램에 나와 스스럼없이 고백한 유명 연예인들이었다. 토크쇼에서 자신의 질환에 대한 정보를 공유하고 치료를 권유하며 심지어 개그의 소재로 삼는 장면이 반복되면서 사회 전반적으로 공황 장애가 익숙해졌다. 방송인 이경규도 한 프로그램에서 '현재 공황 장애 약을 거의 2년 동안 먹고 있다. 하루라도 안 먹으면 공황 장애가 온다'라고 밝혔다. 평생 유병률이 약 3~5퍼센트인데도 사회적인 편견이나 거부감 때문에 적절한 치료를 받지 못하던 사람들이 점차 정신과의 문을 두드리기 시작했다.[2] 한국에서는 2010년에 5만 명, 2015년에 10만 명에서 2017년에는 14만 4천 명으로 늘어났다.

하지만 연예인들의 고백이 꼭 긍정적으로 작용하지만은 않는다. '공황 장애는 연예인 병'이라는 인식이 생기면서 '연예계 같은 복잡한 환경에서 생활하는 사람에게 생기는 병'이라는 오해나 심지어 '배부른 사람들이 걸리는 병'이라는 편견도 생겼다. 또한 공황 장애라는 질환 자체가 워낙 유명해져서 다른 심리적 문제가 죄다 공황 장애로 환원되거나 방송에서 단편적으로 언급된 약물의 부작용을 들은 사람들이 오히려 치료받기를 꺼리는 문제가 나타나기도 했다.

연예인들의 공황 장애 질환 고백의 장단점을 정리하다 보니 문득 한 명의 할리우드 배우가 떠오른다. 바로 1980년대 섹시 스타로 활약했던 킴 베이싱어이다. 그는 이십대 때 건강식품 가게에서 공황 발작을 경험했다. 갑자기 주변이 고요해지면서 사람들의 입이 움직이는데도 말소리가 들리지 않았고 머릿속은 웅웅거리는 소리로 가득 찼다. 손은 부들부들 떨고 있었고 식은땀이 나면서 움직일 수 없었다. 또한 숨이 쉬어지지 않아 깊은 숨을 몰아쉬어야 했다. 가까스로 가게를 빠져 나와 어렵게 집에 도착했지만 이후 6개월간 두문불출했다.

자신에게 닥친 일이 무엇인지 어떻게 다뤄야 할지 모르던 그는 매일 울면서 시간을 보냈다. 언제 또 힘든 상황이 닥칠지 몰라 무서웠고 집에 머무르는데도 안전하게 느껴지지 않아 괴로웠다. 공황 발작이 엄습하면 심장 소리와 숨소리가 너무나도 크게 들렸고 몸이 마비되거나 주변 사물이 천천히 움직이는 것처럼 느껴졌다. 집 밖에 있으면 마치 토네이도가 다가올 것 같아 좀처럼 외출을 할 수 없었다.

그는 우연히 라디오에서 관련 정보를 접한 뒤 본격적인 치료를 받게 되었다. 의학적인 도움을 받으면서 자신의 어려움이 무엇인지 어떻게 대처해야 하는지 알게 되었고 공황 장애 발병 이후 낮아질 대로 낮아진 자존감마저 회복하게 되었다. 1998년 아카데미 시상식은 재기의 발판이었다. 영화 〈LA 컨피덴셜〉로 아카데미 여우조연상을 받게 되었을 때 그는 무대에서 땀을 흘리고 손을 떨고 숨을 가쁘게 쉬는 모습을 보였다. 하지만 평소 행동 치료로 다져 온 단단한 마음으로 긴장되고 두려운 순간을 잘 넘어설 수 있었다. 심지어 중간중간 농담도 섞어 가면서 수상 소감을 무사히 마치는 데 성공했다.

베이싱어의 사연을 자세하게 소개할 수 있는 이유는 그가 2001년 한 방송사의 다큐멘터리에 출연해 자신의 경험담을 공개했기 때문이다. 유명인이 겪은 공황 장애라는 큰 맥락은 같을지 몰라도 방송에서 단발성 관심을 유발하며 소비되는 방식은 한국과 차이가 있어 보인다. 예능 프로에서 근황을 나누며 살짝 고백하는 것도 좋지만 자세하고 구체적인 이야기가 진지한 분위기에서 소개되면 조금 더 도움이 되지 않을까?

나아가 질환의 대상을 넓혀 의사들의 모임이나 학회지에서 유명인의 사례를 직접 소개해도 좋을 것 같다. 미국정신의학회는 2010년 뉴올리언스에서 열린 학술 대회에서 영화 스타워즈

시리즈의 초창기 레아 공주로 분했던 배우 캐리 피셔를 초청해 그의 정신질환 여정에 대해 듣는 시간을 가졌다. 자살로 생을 마감한 배우 로빈 윌리엄스의 부인도 2016년, 미국 신경학회 학술지 〈신경학〉에 보낸 특별 기고를 통해 남편이 앓았던 루이 소체 치매의 다양한 어려움을 자세히 소개했다.[3]

당신은 아픈 게 맞습니다

요즘은 인식이 높아져서 진료실을 방문한 환자에게 공황 장애 진단을 내리면 '그럴 줄 알았다'는 표정을 짓는다. 심지어 인터넷 검색으로 먼저 자가 진단을 내리고 오는 경우도 흔하다. 하지만 불과 십여 년 전만 해도 공황 발작·공황 장애·예기 불안·광장 공포증을 설명하면 많은 환자들이 속 시원한 표정을 지었다. 질환에 대한 무지와 오해로 병원에 오기까지 마음고생을 많이 했기 때문이었다.

공황 발작의 지속 시간은 매우 짧다. 환자가 공황 발작 시 여러 신체적 불편감과 죽음의 공포를 느껴 근처 응급실을 방문하면 이미 증상이 가라앉아 있는 경우가 종종 있다. 처음에 걱정하던 주변 사람들도 이런 일이 반복되면 꾀병을 피우는 것 아닌가 하고 의심을 하기도 한다. 광장 공포증의 경우도 마찬가지다. 불안과 공포 때문에 대중교통을 이용하지 못하는데도 소심하고 의

지력이 부족한 것 아니냐며 환자의 주변 사람들은 이해하지 못하는 경우가 많다. 그렇다. 과거에는 질환 자체보다 질환으로 유발된 상황 때문에 공황 장애 환자들이 더 고통받았다.

다행히 공황 장애는 유명 연예인들의 고백으로 대중에게 익숙해져 상황이 많이 나아졌다. 더 이상 심리적 대공황을 일으키며 환자들을 '공포와 당황'의 거친 파도로 내몰지 않고 있다. 공황 장애 환자가 정확한 진단을 받기 전 평균 10명 이상의 의사들을 만난다는 오래전 연구 결과는 정말 옛말이 되어 버렸다.[4] 다른 정신질환에도 비슷한 바람이 불길 바란다. 정신질환은 꾀병도 의지 부족도 아니다. 몸이 아픈 것처럼 마음이, 정확히는 뇌가 아픈 것이며 충분히 나을 수 있다는 의학적 사실이 멀리멀리 퍼져 나갔으면 좋겠다.

산후 우울증

내겐 불행한 아이와의 시간

행복하지 않은 출산

2016년 조남주 작가의 소설로 출판되어 출판계 장기 베스트셀러로 자리 잡은 뒤 영화로도 제작된 《82년생 김지영》은 한국 사회에서의 여성의 엄혹한 위치를 생생히 보여 주면서 많은 사람의 공감을 얻었다. 주인공 지영은 출산 뒤 집안일과 육아에 지쳐 마음의 병을 앓는데 결국 친정어머니로 빙의하는 산후 정신증을 보이게 된다. 이때 빙의는 내가 아닌 다른 사람처럼 행동하는 것으로 정신의학에서는 개인의 인격·기억이 나뉘는 해리 현상으로 해석한다. 산후 정신증을 말하기에 앞서 우리에게 익숙한 산후 우울증을 먼저 이야기해 보자.

한국의 1980년대 십대 청소년 사이에서 여자 배우 사진이 실린 책받침이 크게 유행했다. 3대 스타로 꼽혔던 책받침 스타 브룩 쉴즈, 소피 마르소, 피비 케이츠 중에서도 브룩 쉴즈는 최고의 인기를 구가하는 그야말로 당대의 아이콘이었다. 그는 생후 11개월 때 비누 광고를 찍으면서 연예 활동에 발을 들이기 시작했다.

그러나 그의 경력은 성인 배우로 이어지지 못했고 프린스턴 대학교에 진학하면서 연예계 활동은 미미해졌다. 이후 그는 영화의 조연이나 드라마에 간혹 얼굴을 내밀었고 유명한 테니스 선수 안드레 아가시와 결혼했지만 곧 이혼했으며, 마이클 잭슨 장례식에서 눈물의 추도사를 낭독하며 또다시 세간의 주목을 받은 것처럼 작품 활동이 아닌 사적인 스캔들을 통해 간간이 언론에 등장했다.

그런 그도 산후 우울증 앞에서는 자유롭지 못했다. 쉴즈는 2003년 5월 재혼한 남편 크리스 헨치 사이에서 딸을 낳았다. 첫 아이였으니 눈에 넣어도 아프지 않을 만큼 사랑스러워야 했지만 출산 전 기대와 달리 쉴즈는 딸과 함께 있는 시간이 행복하지 않았다. 딸과 공감도 잘 이뤄지지 않아 당황스러웠고 퇴원 뒤에도 마음이 힘들어 아기보다 더 많이 울었다. 한때 아파트 창문에서 뛰어내려 현실에서 탈출하고 싶었다는 고백도 했다.

우울감과 우울증의 차이

출산 후 나타나는 마음의 변화는 아래와 같이 우울감·우울증·정신증으로 나눌 수 있다.

우울감

발생 빈도: 산모의 30~75퍼센트.
발생 시점: 출산 3~5일 뒤 발생하고 며칠 내지 몇 주 동안 나타날 수 있음.
치료 여부: 일시적인 것으로 휴식과 안정이 필요함.

우울증

발생 빈도: 산모의 10~15퍼센트.
발생 시점: 출산 4주 전후에 나타나 약 6개월 정도 지속됨. 산후 우울감과 비슷해 보이지만 우울 증상이 더 심하고 2주 이상 계속되는 특징을 지님.
치료 여부: 적절한 정신과 치료가 필요하며 방치하면 입원 치료가 필요할 정도로 악화될 수 있음.

정신증

발생 빈도: 산모의 0.1퍼센트.
발생 시점: 출산 후 2-4주 사이에 발병.
치료 여부: 입원 치료가 필수적임.

간단해 보이지만 이렇게 미묘한 차이가 있기에 사람들이 흔히 세 가지 상태를 혼동하거나 뭉뚱그리는 경우가 많다. 또한 약간의 증상만으로도 중병이 아닐까 미리 염려하거나 반대로 증상이 심한데도 치료를 두려워하고 회피하는 일이 생긴다.

보통 산모의 30~75퍼센트가 아기를 출산한 뒤 약간의 우울감을 느끼며 이유 없이 울고 싶은 우울감, 베이비 블루baby blue를 경험한다. 보통 출산 3~5일 뒤에 발생하고, 우울감은 며칠 내지 몇 주 동안 이어질 수 있다. 원인으로는 여성 호르몬 수치의 급격한 변화와 출산 과정의 스트레스, 엄마 노릇을 제대로 못하고 있다는 죄책감 등이 관여하는 것으로 알려져 있다. 베이비 블루에는 산모에게 교육과 지지(도움)를 제공해야 된다는 점 외에 별도의 전문적 치료가 필요하지 않다.

하지만 만약 가벼운 우울감을 넘어 하루 종일 우울하고 모든 일에 흥미를 느끼지 못하는 상태가 2주 넘게 지속된다면 산후 우울증을 의심해 봐야 한다. 일반적으로 체중과 식욕의 변화, 과다한 수면이나 불면, 불안과 피곤이 함께 나타난다면 정신과에서 산후 우울증 진단을 내린다. 이는 산모의 10~15퍼센트에서 나타나고 증상으로 인해 실질적인 일상생활이 어려워진다. 치료가 제때 이루어지지 않는다면 수년간 산후 우울증이 지속될 수 있으므로 산후 우울증은 면담 치료, 약물 치료 같은 전문적인 도움이 필요하다.

산후 우울증을 겪는 산모는 계속 기분이 가라앉아 신체 활력이 떨어지기 때문에 아기를 돌보기 어렵다. 더워서, 기저귀가 축축해서, 배고파서, 졸려서, 아파서 등등 여러 이유로 아기가 울 때도 산모는 아기의 불편을 공감하지 못한다. 또한 무기력하고 아이에게 짜증을 내는 자신의 모습을 자책하며 스스로 힘들어한다. 육아를 잘하는 다른 엄마들과 비교해서 자신을 게으르거나 부족하다고 여기며 죄책감을 키운다.

감정을 조절하는 뇌

최근 뇌 영상 연구는 산후 우울증 산모의 이런 모습이 많은 경우에 뇌 기능의 변화와 관련이 있다는 것을 보여 준다. 2010년 미국의 모지스-콜코 교수 연구진이 산후 우울증 산모 14명과 일반인 산모 16명의 뇌를 비교한 연구를 살펴보자.[1] 연구진은 두 집단에게 다양한 표정의 얼굴 사진들을 보여 주면서 뇌 반응을 기능적 자기공명영상을 통해 살폈다. 아울러 연구진은 산모들이 아기에게 애착을 느끼는 정도, 아기와 교감 중에 느끼는 적개심과 기쁨의 정도를 측정했다.

연구 결과 두 집단 모두 무섭거나 화난 얼굴처럼 부정적인 표정을 볼 때 좌측 배내측 전전두피질이 활성화되었는데, 이곳의 활성화된 정도가 산후 우울증 산모들이 일반인 산모들보다

약했다. 이곳은 사회적 인지와 연관되어 타인의 감정을 파악하고 공감하는 역할을 한다. 따라서 배내측 전전두피질의 활성이 약화된 산후 우울증 산모는 우는 것 외에는 마땅한 의사를 전달할 방법이 없는 아기들의 감정을 잘 읽지 못하고 재빠르게 반응하지 못하게 되어 제대로 아이를 보살피기 힘들다. 나쁜 감정을 해소하기 위해 무의식적으로 아이를 원망하다가도 이내 죄책감과 자괴감이 밀려오는 부정적 사고의 악순환에 빠지게 된다.

감정 조절은 배내측 전전두피질과 편도체 사이에서 이루어진다. 일반 산모가 나쁜 감정에 휩싸인다면 두 영역이 원활하게 소통하면서 부정적인 감정을 효과적으로 다스리게 된다. 하지만 산후 우울증 산모의 뇌는 이 두 영역의 연결성에 문제가 생긴다. 부정적 정서 자극에 활성화한 편도체가 사회적·공감적인 방향으로 조절하지 못하게 막는 것이다. 따라서 산후 우울증을 개인의 의지 문제가 아니라 질환의 수준으로 바라봐야 한다. 잘 대비하고 주변에서 잘 돕고 잘 치료받는 것이 필요하다.

산후 정신증은 베이비 블루나 산후 우울증과는 조금 다르다. 일단 발생 빈도가 천 명에 1~2명으로 매우 낮고 주요 증상도 우울증 증상 외에 망상·환청이 나타난다. 예를 들어 산모는 아이가 죽었거나 장애가 있다고 여기는 사실과 다른 믿음을 갖거나 "아이를 죽여라" "너는 살 필요가 없다" 같은 소리를 실제 외부가 아닌 내면에서 듣는다. 뉴스에서 심심치 않게 보도되는 갓난아

이를 숨지게 한 엄마들의 일부는 산후 정신증을 앓았던 것으로 추정된다. 산후 정신증은 양극성 장애의 한 형태일 수 있기 때문에 항우울제를 투여하면 오히려 증상이 악화될 수 있다. 산모와 아이 모두에게 치명적인 결과를 초래할 수 있으므로 산후 정신증은 안정 병동 입원을 비롯한 매우 적극적인 치료가 필요하다.

이처럼 산후 우울감·우울증·정신증은 각각 차이를 살펴보고 적절한 도움을 제때 받는 것이 중요하다. 브룩 쉴즈도 예외가 아니었다. 그는 퇴원 후 첫 외래 방문에서 우울감 때문에 아이를 잘 돌보지 못해 좋은 엄마가 될 수 없을 거라고 의사에게 토로했다. 의사는 많은 산모가 베이비 블루를 경험한다고 말하며 다른 산모들과 교류를 하면 도움이 된다는 조언을 건넸다. 하지만 이후에도 쉴즈의 기분이 지속적으로 가라앉아 있자 그는 산후 우울증으로 판단해 치료를 권유했다. 우울감을 호소한다고 의사가 바로 치료를 권유하는 것은 아니니 출산 뒤에 마음의 변화를 느낀다면 염려하지 말고 있는 그대로 증상을 표현하고 의사의 권유를 따르는 게 좋다.

괴로운 도시의 산모들

많은 정신질환이 그렇지만 산후 우울증은 한정된 여성들에게만 발생한다고 여기는 편견과 산모는 좀 더 참아야 한다는 사회적으로 엄격한 시선 때문인지 많은 사람들에게 멀게만 느껴진다. 산후 우울증에 우리는 어떻게 대처해야 할까? 먼저 나도 겪을 수 있다는 생각을 가져야 한다. 특히 산후 우울증 발병과 연관되는 특정 환경에 놓인 산모라면 더욱 그렇다. 산모가 임신 기간에 우울 또는 불안하거나 스트레스 높은 사건을 경험하거나 사회적 지지가 빈약하거나 과거에 우울증을 겪은 경우 산후 우울증의 발생 확률이 높아진다. 위험 요소를 파악해 미리 대비하면 설령 우울증이 찾아와도 잘 대처할 수 있게 된다.

쉴즈의 경우 재혼 전 자궁 내 이상 세포를 제거하는 수술을 받으면서 자궁 경부가 짧아져 아기를 갖지 못했다. 시험관 시술로 체외 수정을 시도했지만 임신이 힘들었다. 우여곡절 끝에 임신을 한 후에도 스트레스는 계속되었다. 전립선암으로 투병하던 아버지가 불과 출산 3주 전에 세상을 떠났다. 출산할 때는 탯줄이 태아의 목을 감고 있어 제왕 절개술을 시행했는데 수술 도중 자궁이 아래로 빠지면서 많은 출혈이 발생했다. 자궁 절제술을 고려할 정도의 난산이었다. 퇴원한 뒤에도 보모 없이 직접 아기를 돌보려는 계획과 달리 임신 후유증으로 손목터널 증후군이 생기면서 간단한 기저귀 갈기조차 할 수 없었다. 당연히 무력감과 죄책감, 스트레스가 클 수밖에 없었다. 쉴즈의 이런 상황은 보통의 일반 산모들도 출산 전후에 충분히 겪을 수 있다. 산모가 위험 요소에 노출되면 산후 우울증의 발생 가능성이 높아지므로 미리 주의할 필요가 있다.

또한 주변의 적극적인 지지가 있어야 한다. 캐나다의 비거드 교수 연구진이 2006년도 캐나다 보건 당국의 인구 조사 자료를 바탕으로 산후 우울증 산모의 거주 지역을 살펴봤더니 산후 우울증은 '시골 산모'보다 '도시 산모'에게서 더 많이 발생했다.[2] 반면 소도시 시골 지역에서는 대도시의 영향을 적게 받는 지역이 산후 우울증 발생율이 높았다. 도시 산모가 산후 우울증을 더 많이 겪지만 시골 산모 또한 사회적 연결 고리가 적을 때 발생률이 상승하는 것으로 해석된다.

연구진은 더 나아가 도시 산모의 특성도 자세히 파고들었다. 산후 우울증을 경험하는 산모는 이민자인 경우가 많았고 출산 전후로 사회적 지지를 많이 받지 못했다. 이민·이사로 가족과 멀리 떨어져 있거나 주변에 도와주고 챙겨 줄 사람이 없기에 산후 우울증을 더 많이 겪는 것이었다. 특히 도시 산모가 이전에 우울증을 앓은 비율이 낮은데도 산후 우울증을 더 많이 겪는 것은 가족과 주변의 지지가 얼마나 중요한지를 반증한다.

'아이 하나를 키우는 데 온 마을이 필요하다'는 아프리카 속담이 있다. 이런 관점에서 보면 우리나라의 출산 및 육아 상황은 매우 열악하다. 남편들이 법적으로 보장된 출산 휴가를 쓸 때에도 회사의 눈치를 보고 경력 단절을 우려해 육아 휴직을 주저한다. 과거보다 나아지긴 했지만 사실상 남편이 탄력적으로 출퇴근하면서 육아를 감당하기도 어렵다. 산모가 직장에 복귀해 일과 육아를 병행하면 상황은 더 복잡해진다. 나이 든 양가 부모에게 부탁하자니 눈치가 보이고 말도 못하는 아이를 어린이집이나 도우미에게 맡기자니 영 마음이 놓이지 않는다. 아이가 아프거나 다치기라도 하면 다 내 잘못 같고 정부의 양육 지원 대책은 피부에 와닿지 않는다. 우울해지지 않는 것이 오히려 이상하다. 보다 적극적인 사회적 관심과 실질적인 정책 지원이 필요하다.

아울러 마지막 보루, 정신과 진료를 염두에 둬야 한다. 진료실에서 보면 적지 않은 환자가 우울증 진단을 잘 받아들이지 못한다. 설령 인정해도 본격적인 치료로 이어지는 과정도 쉽지 않다. 마음이 약해서 그런 것 같다며 치료 대신 마음을 다잡겠다고 하거나 기도원이나 절을 찾아 신앙 의식으로 나아지기를 바라거나 여행을 떠나 한동안 쉬면 힘든 순간이 지나가리라 기대하곤 한다.

산후 우울증 산모도 크게 다르지 않다. 특히 산모의 경우 '완모(완전 모유 수유)' 욕심에 아기에 끼칠 영향을 걱정하며 꼭 필요한 약물 치료를 거부할 때가 종종 있다. 쉴즈도 모유 수유를 매우 중시했고 힘들어도 절대 포기하려 하지 않았다. 그나마 유일하게 할 수 있는 일이 모유 수유였고 이마저 하지 않으면 딸을 영원히 잃을 것 같아 두려웠기 때문이다. 집안에 알코올 의존증 내력이 있어 혹시 치료 약물에도 의존되지 않을까 하는 또 다른 걱정거리도 있었다.

담당 의사는 처방하려는 항우울제에는 의존성이 없으며 모유 수유와 관련해서도 안전하다고 설명했다. 결국 쉴즈는 약물 치료를 결심했고 파록세틴paroxetine이란 약물을 복용하기 시작했다. 관련 연구 57개를 통합 분석한 연구에 따르면 약물이 모유 수유 중인 아기에 끼치는 영향은 미미하다. 특히 노르트립틸린nortriptyline, 파록세틴, 서트랄린sertraline과 같은 항우울제는 혈액 내 농도가 거의 상승하지 않았다.[3] 담당 의사도 이런 연구 결과를 참고해 파록세틴 처방을 결정한 것으로 보인다.

쉴즈는 약물 치료 외에 매주 면담 치료도 받았다. 생물학적으로 우울증을 설명할 때는 신경 전달 물질의 불균형, 뇌의 기능 변화를 원인으로 꼽는다. 하지만 다른 정신질환처럼 우울증 발병에는 심리적인 요소가 관여하므로 면담 치료는 매우 중요하다. 한 예로 역할의 변화로 인해 발생한 우울증은 대인관계 정신 치료로 큰 도움을 받을 수 있다.[4] 쉴즈도 면담 치료를 통해 엄마라는 새로운 역할에 적응해 나가면서 차츰 산후 우울증을 극복했다.

나도 겪을 수 있다

인생에서 가장 행복해야 할 출산 뒤에 역설적으로 찾아오는 우울증은 밝은 하늘을 가로막는 먹구름과 같다. 특히 아기와 공감하지 못하고 아기의 불편을 잘 알아채지 못할 때 드는 자괴감은 잘 벼린 비수 같은 비가 대지에 꽂히듯이 산모의 마음을 아프게 한다. 마음이 아픈 엄마와 상호 작용을 온전히 누리지 못하면 아기의 정상적 발달에 문제가 발생한다. 즉 산후 우울증에 적절하게 대처하지 못하면 아기와 산모 모두에게 부정적 결과를 초래할 수 있다.

물론 비는 언젠가 멈추고 태양은 다시 뜬다. 그러나 이것만 기다리면서 막연히 산후 우울증이 저절로 낫기만 바라기에는 치러야 할 대가가 너무 크다. 그래서 비가 멈추기를 기원하는 일종의 기청제祈晴祭가 필요하다. 이는 '나도 겪을 수 있다'며 스스로 대비하고 주변에서 적극적으로 지지하며 병이 발생했을 때 치료를 받는 것을 의미한다. 2006년 브룩 쉴즈가 둘째 딸을 낳았을 때에는 별다른 우울증을 겪지 않았던 이유가 바로 여기에 있지 않을까.

양극성 장애

울다가 웃다가 침울한 널뛰기 마음

무분별한 오해와 공포

중학생이었던 1991년, 이범학이라는 가수가 혜성처럼 등장했다. 데뷔곡 〈이별 아닌 이별〉이 큰 인기를 얻으면서 그는 텔레비전 프로그램 〈가요톱텐〉에서 5주 연속 1위에 올랐고 각종 시상식에서 신인상을 휩쓸었다. 훤칠한 외모, 호소력 짙은 목소리, 귀에 착 감기는 노래… 대중의 사랑은 폭발적이었다. 당시 최고의 인기 예능 프로그램 〈일요일 일요일 밤에〉의 코너 '몰래 카메라'에서 어리숙한 모습을 보인 것마저 매력으로 받아들여졌다.

하지만 이범학의 이름은 곧 잊혔다. 그 배경에는 2집의 실패, 소속사와의 갈등, 급변하는 음악 시장에 대한 부적응 외에도 그가 앓았던 조울증도 있었다. 정신질환에 대한 편견과 루머로 인해 활동이 제약당한 것이다.

시간이 한참 지난 2018년, 12월의 마지막 날 저녁이었다. 동료 의사들과의 단체 대화방에 글이 쏟아지기 시작했다. 강북삼성병원의 정신과 의사, 임세원 교수가 진료를 보던 환자의 흉기에 목숨을 잃었다는 소식에 다들 흥분한 것이었다. 당황스럽고, 무섭고, 슬퍼서 말을 이을 수 없었다. 새해가 되자 이 사건은 큰 사회적 화두가 되었다. 고인의 희생 정신, 정신질환자의 관리, 진료실의 안전과 함께 범인으로 지목된 환자가 앓던 양극성 장애, 조울증에 대한 궁금증도 커졌다.

조울증躁鬱症 한자의 의미를 살펴보면 그 모습을 쉽게 그려볼 수 있다. 躁(조)라는 한자는 나무木 위에 입口 세 개가 있는 형상을 통해 나무에서 새들이 조잘거리는 모습을 떠올리게 하고 발足과 함께하니 조급하고 부산한 움직임을 더욱 강조해 주는 듯하다. 반면 복잡한 모양의 鬱(울)이라는 한자는 뜻풀이도 다채로운데 대개 생김새처럼 답답하고 꽉 막힌 모습으로 풀이된다. 이처럼 기분·활력·인지가 양극단으로 나타날 수 있는 조울증을 정신의학에서는 양극성 장애bipolar disorder라고 부른다.

양극성 장애는 과연 어떤 모습일까? 흔히 아침에 즐거운 표정으로 인사한 친구가 오후에 짜증을 부리거나 고객과 통화할 때는 연신 미소 짓던 상사가 통화가 끝난 뒤에 인상을 찌푸리며 잔소리할 때 "왜 저래? 조울증 아냐?"라는 말을 하곤 한다. 하지만 양극성 장애는 단순히 성격이나 감정의 변덕 문제가 아닌 이름 그대로 질환이다. 하지만 실체를 느끼거나 접하기 어려운 정신질환의 특성상 일상에서는 의미가 변질된 채 사용되곤 한다.

2011년 자료에 따르면 한국에서 양극성 장애와 가벼운 수준의 양극성 기분 조절 장애를 다 포함하는 양극성 스펙트럼 장애의 범주에 포함되는 비율이 한국 전체 인구의 4.3퍼센트에 이르고 상당수가 잘못 진단되는 것으로 드러났다.[1] 형태가 다양하고 변동의 폭이 큰 특성 때문에 양극성 장애를 바르게 이해하는 것은 매우 중요하다. 당장 임세원 교수 사건 이후 양극성 장애, 나아가 정신질환 전반에 대한 무분별한 오해와 공포가 급증했다. 온전한 해결책은 문제를 제대로 파악하는 것에서부터 시작한다.

사도세자의 양극성 장애

사도세자를 정신의학적 입장에서 살펴본 흥미로운 논문을 살펴보자.[2] 기분이 정상적인 범위를 넘어서는 것을 삽화episode라고 부르며 양상에 따라 조증 삽화, 주요 우울 삽화, 경조증 삽화로 다양하게 나뉜다. 울산 대학교 서울아산병원의 김창윤 교수는 혜경궁 홍씨가 쓴《한중록》을 바탕으로 사도세자의 기이하고 예측하기 힘든 언행을 삼은 기록들을 두고 다양한 삽화로 설명해 내며 끝내 비극적으로 삶을 마감한 이유를 양극성 장애에서 찾은 바 있다. 사도세자가 스무 살(1755년)일 무렵 아래의 기록과 같이 주요 우울 삽화가 나타난다.

병 증세는 종이가 물에 젖듯이 하여, 문안도 더 드물게 하시고 강연에도 전념하지 못하시며, 마음의 병이시라 늘 신음이 잦아서 병폐하신 모양이니.

소세(얼굴을 씻고 빗질하는 것)도 단정치 않으셨다.

그 날 그 일을 지내시고 가슴이 막히셔서 청심환을 잡숫고 기운을 내시며 '아무래도 못 살겠다' 하시고서, 저승전 앞뜰에 있는 우물로 가셔서 떨어지려 하시니.

이처럼 우울증이 나타나면 기분이 가라앉고 의욕이 떨어진다. 흥미·활력·집중력이 감소한 사도세자는 문안 인사나 공부 같은 평소의 활동뿐만 아니라 기본적인 위생 관리조차 제대로 하지 못했다. 그 외 수면이나 식욕의 문제가 나타날 수 있고 무력감이나 죄책감이 심해지면 우물에 빠지려 한 사도세자처럼 자살 생각에 빠질 수 있다. 조증 삽화는 아래와 같이 스물한 살 6~7월의 무렵에 등장한다.

> 지나친 행동도 하시며 (중략) 나인들을 데리고 노시니, 그 내관들이 나팔 불고 북 치는 것까지 했다고 한다.

> 그대로 격화와 병환이 점점 더하셨다. 그래서 내관들에게 매질하시는 것이 그때부터 더하시었다.

조증 시 사도세자는 기분이 들떴고 주변에 과민하게 반응했으며 난폭한 모습을 보였다. 기록에는 언급되지 않았지만 보통 조증 삽화일 때 환자는 전반적인 에너지가 상승하는 여러 모습을 보인다. 하루 세 시간의 수면으로도 충분하다고 느끼고 평소보다 말이 많아지고 주의가 산만하고 부산해진다. 또한 자존감이 팽창한 상태에서 돈을 물 쓰듯이 쓰거나 어리석은 사업 투자를 하는 충동성을 드러낸다.

사도세자는 스물 서넛 무렵에는 비교적 잘 지냈지만 스물다섯 살부터 스물여섯 살이 되던 해 3월 사이에 증상이 악화되었다. 이 시기에는 폭력성이 두드러져 세자빈에게 바둑판을 던지고 자신의 아이를 낳은 후궁을 죽도록 쳐서 죽음에 이르게 하고 특별한 사유 없이 여러 내관과 나인을 죽였다. 스물여섯 살 5~9

월 사이에는 잠시 상태가 나아졌지만 10월부터 다시 악화되어 부적절하고 기이한 언행, 폭력적이고 과장된 행동이 사망 시점까지 지속되었다.

사도세자의 이런 모습은 환각이나 망상에 따른 것으로 보인다. 양극성 장애가 기본적으로 기분 장애지만 우울증이나 조증이 심각할 때에는 이처럼 현실적인 판단력이 떨어지는 모습이 나타난다. 하지만 정신병적 증상이 계속되지 않았고 기분 삽화의 악화와 호전이 반복되었으며 증상이 없을 때에는 이전의 일상생활로 무난하게 복귀한 점을 고려하면 사도세자가 양극성 장애를 가졌다고 충분히 추론해 볼 수 있다.

일각에서는 혜경궁 홍씨가 자기 집안을 방어하기 위해 사도세자를 왜곡해서 묘사했을 가능성도 제기한다. 그러나 《한중록》을 자세히 살펴보면 정신질환 증상에 들어맞는 내용이 구체적으로 묘사되고 있어 순전히 상상력을 동원해 기술했다고 보기에는 무리가 있다. 아울러 사도세자의 혈족 중에는 기분 장애 가능성이 높거나 경미한 기분 장애로 추정되는 인물도 있었다. 이 가족력 역시 사도세자가 양극성 장애였을 가능성을 강하게 시사한다.

작가들의 기분 장애

조증일 때는 신체적 활력뿐만 아니라 정신적 에너지도 넘친다. 이런 특성 때문에 양극성 장애는 종종 창조성과 함께 거론된다. 미국의 시인 로버트 로웰이 대표적인 경우이다. 서른 살의 젊은 나이에 퓰리처상을 받을 정도로 문학성이 뛰어났지만 그의 삶은 기행 자체였다. 고등학생 시절에는 자신을 성모 마리아라고 여기는 과대망상이 있어 주변 사람과 갈등을 빚고 자동차를 멈추겠다며 팔을 벌린 채 고속도로 한가운데에 서 있기도 했다. 싸움과 폭음, 이혼으로 점철된 그의 삶은 불안정했지만 대중은 이마저도 신성한 시적 영감이 분출한 것으로 여겼다. 1950~60년대에 많은 상을 받은 그의 책들은 수만 권이나 팔렸다. 크고 작은 기행을 벌인 일화에서 짐작할 수 있듯이 로웰이 문학에서 성공한 밑바탕에는 양극성 장애가 자리잡고 있었다. 조증을 겪을 때 열정이 증가하고 활력이 넘치고 기분이 고양되고 자기 확신감이 가득하고 생각이 계속 솟아오르고 두뇌 회전이 빨라지고 심신의 행복과 안녕을 강하게 느끼면서 창조성과 생산성이 급격하게 상승했던 것이다. 양극성 장애가 있었던 것으로 추정되는 음악가 슈만도 역시 기분의 변화에 따라 작품 수가 큰 차이를 보였다.

양극성 장애와 창조성 사이의 연관성은 우연한 계기로 시작되었다. 1970년대 미국 아이오와 대학교에서 뇌 영상학을 연구하는 정신과 의사, 낸시 안드레아슨 교수는 창조성을 연구하기 위해 작가 15명과 일반인 15명의 정신질환 여부를 조사했다.[3] 현실과 비현실의 경계가 무디어지는 조현병이 작가 집단에서 많을 것이라 예측했다. 하지만 작가 집단에서 조현병은 관찰되지 않았고 대신 기분 장애가 67퍼센트로 가장 높게 나타났다. 연구에 참여하는 작가가 늘어 30명이 되었을 때 다시 살펴본 결과도 비슷했다. 작가 집단의 80퍼센트에서 기분 장애가 있었고 그중 양극성 장애는 43퍼센트로 가장 많았다.

다른 후속 연구에서도 유사한 결과가 확인되었다. 스스로 양극성 장애 환자이기도 한 미국의 존스홉킨스 대학교 정신과 케이 레드필드 재미슨 교수는 예술 분야에서 유명한 상을 받은 영국인 예술가 47명의 정신질환 병력을 조사했다.[4] 이들의 38퍼센트가 기분 장애로 치료받은 적이 있었고 그중 시인 집단이 유일하게 조증으로 치료받은 과거 이력을 가지고 있었다. 미국의 브라운 대학교 행동 정신의학과 아놀드 루드비히 교수 역시 59명의 여성 작가와 일반인 59명을 비교해 작가 집단에서 우울증(56퍼센트)과 조증(19퍼센트)의 비율이 높은 것을 보고했다.

안드레아슨, 재미슨, 루드비히는 넓게는 정신질환, 좁게는 양극성 장애(주로 조증)와 창조성 사이에 연관성이 존재한다고 주장한다. 기분과 활력의 변화로 고통받는 양극성 장애 환자에게 그나마 기쁜 소식일 수 있다. 나아가 이처럼 축복받은 조증을 치료하면 안 된다는 사람들도 있을 수 있다. 하지만 언급된 이들의 연구들은 참가자가 너무 적고 협소하며 주관적이고 일화적인 정보에 주로 의존해 조사가 진행되었고 연구자의 주관이 개입할 요소가 적지 않았기에 주의해서 해석할 필요가 있다.

양극성 장애가 마치 예술가적 소양인 듯 낭만적으로 그려지는 것은 조심해야겠지만 최근의 연구에서도 여전히 양극성 장애와 창조성이 관련되어 있는 것이 확인된다. 2012년 스웨덴의 카롤린스카 연구소에서 약 120만 명을 40년 동안 추적 관찰한 연구 결과를 발표했는데 정신질환 중에서 양극성 장애만이 창조성을 필요로 하는 직종과 연관되어 있었다.[5] 또한 2015년에는 유전자 분석을 통해 양극성 장애에 대한 유전적 위험성이 창조성을 예측할 수 있다는 연구가 보고되었다.[6] 이쯤 되면 양극성 장애를 치료하는 것이 부정적으로 보일지 모르겠다. 창조와 영감의 원천을 막아 버리는 것이니까. 하지만 실상은 그렇지 않다. 조증과 우울증은 그 자체만으로 개인의 사회적·직업적 기능을 저하시켜 생산성을 떨어뜨리기 때문이다. 실제 안드레아슨 교수가 관찰했던 작가들 역시 조증 시기에는 산만하고 주의력이 떨어지기 때문에, 우울증 시기에는 활력과 두뇌 활동이 감소하기 때문에 창조적으로 작업할 수 없다고 고백했다.[7] 양극성 장애를 지녔던 것으로 알려진 작가 버지니아 울프 역시 자신의 증상을 작품의 소재로 사용했지만 기분의 변동이 있을 때는 정작 글을 거의 쓰지 못했다.[8] 앞서 소개했던 로웰도 양극성 장애로 인해 정신적으로 피폐해지고 재정적으로 어려움을 겪어 결국 병원에 입원하게 되었다. 약물 치료를 받으면서 그는 빠르게 안정되어 나중에는 완치 선언까지 했다. 그의 창조성은 어떻게 되었을까? 혹자는 치료 후 문체가 거칠어지고 세련미가 감소했다면서 약물 치료를 부정적으로 평가했지만 당사자는 자신이 이전보다 더 창조적이라고 밝혔다. 이후 퓰리처상을 또다시 수상한 것을 보면 로웰의 말에 더 고개가 끄덕여진다.

의사와 환자를 위하여

고 임세원 교수를 황망하게 떠나보낸 유가족은 장례식 현장에서 치른 기자 회견에서 '의료진의 안전'과 정신질환자에 대한 '사회적 낙인 없는 치료' 두 가지를 사회에 호소했다. 그러나 이후 발의된 여러 '임세원법'에서는 여전히 정신질환자 당사자들의 목소리는 배제한 채 이들을 잠재적인 범죄자로 여기며 격리의 관점에서 접근한 경우가 많았다. 고인이 남긴 뜻이 제대로 구현되고 있는지 의문이 든다.

임세원 교수를 해한 환자는 어릴 적 학교생활 부적응으로 학교 폭력과 따돌림을 당했으며 군 제대 후 집에서만 은둔하면서 증상이 심해진 것으로 알려져 있다. 2015년 해당 병원에 입원해 20여 일 치료를 받고 퇴원했지만 이후 1년 넘게 병원을 찾지 않았다. 2017년 초 병원을 방문해 특정 약 처방을 요구했지만 임

교수가 거절하자 난동을 부린 적도 있었다. 질환의 발병 전후로 지역 사회에서 보다 적극적인 개입과 세심한 관리를 받았다면 끔찍한 참변을 미리 막을 수 있었을지도 모른다.

정신질환자를 담당하는 국내 정신건강센터의 상황은 열악하기 그지없다. 사회복지사 한 명이 담당하고 있는 환자의 수가 너무 많아 실질적으로 사례 관리를 할 수가 없다. 서울의 경우 50~100명을 담당하는데 이 정도면 집을 방문해서 치료를 잘 받는지 확인하는 기본적인 업무조차 수행하기 어렵다. 일이 힘들고 보람도 없고 대부분 비정규직으로 고용도 불안정한 사회복지사의 근속 연수는 채 3년을 넘기지 못하는 것이 현실이다. 이런 상황에서 환자들에 대한 지속적인 관리는 언감생심이다.

양극성 장애는 여러 정신질환 중에서 생물학적인 부분이 많이 관여하는 질환이다. 바꿔 말하면 치료 반응이 좋은 질환에 해당한다. 하지만 퇴원 후 지역 사회에서 사후 관리가 되지 않으면 증상이 호전되어도 반쪽 치료에 불과하다. 무조건적인 입원 치료와 사회적 격리는 해답이 될 수 없다. 양극성 장애, 나아가 정신질환 전반에 걸친 인식 부족과 오해를 넘어서 온전하게 치료받을 수 있는 성숙한 사회가 마련되어야 한다. 고 임세원 교수도 그런 세상을 바라고 있을 것이라 믿는다.

우울증 환자의 편도체

이제까지 양극성 장애를 조증과 우울증으로만 묘사했는데 질환을 더 잘 이해하기 위해 조금만 더 깊게 들어가 보도록 하자. 앞서 설명했듯이 기분의 변동이 심해 일상생활에서 문제를 일으키는 것을 삽화라 부른다. 그중에서도 기분이 지나치게 들뜨는 조증 삽화, 축 가라앉는 주요 우울 삽화, 들뜨긴 했지만 입원이 필요한 정도는 아닌 경조증 삽화로 나뉜다. 조증 삽화와 주요 우울 삽화가 동시에 나타나 불안정하고 변동이 심한 상태를 일컫던 혼재성 삽화는 새로운 진단 기준 《DSM-5》에서 혼재성 양상으로 바뀌어 적용 범위가 넓어졌다.

삽화가 나타나는 양상에 따라 양극성 장애는 제1형과 제2형으로 나뉜다. 제1형은 적어도 1회의 조증 삽화가 있는 경우이고 제2형은 적어도 1회의 경조증 삽화와 1회의 주요 우울 삽화가 있는 경우를 의미한다. 아울러 양극성 관련 장애로 순환성 장애 cyclothymic disorder라는 질환이 있는데 적어도 2년 동안 여러 차례의 경조증 기간과 우울증 기간이 나타나는 경우가 이에 해당한다.

임상 현장에서 조증 삽화 중인 환자를 평가하고 진단하는 일은 사실 어렵지 않다. 하루 한두 시간 수면으로도 끄떡없고 쉬지 않고 말하면서 물 쓰듯이 돈을 사용하고 하루 종일 돌아다니고 쉽게 흥분하는 등의 변화가 짧은 기간에 워낙 뚜렷하게 나타나기 때문이다. 그러나 환자가 주요 우울 삽화로 병원을 방문할 때에는 진단을 내리는 데 어려움이 발생한다. 이전에 경조증 삽화가 있었다면 제2형 양극성 장애로, 그렇지 않았다면 주요 우울 장애로 진단을 내리겠지만 이 둘을 환자의 이야기만 듣고 구분하기가 쉽지 않다.

더욱이 과거에 경조증 삽화마저 없었다면(혹은 인식하지 못했다면) 환자가 주요 우울 삽화를 보일 때 단극성 우울증unipolar depression, 즉 일반적으로 흔히 말하는 우울증인지 양극성 우울증bipolar depression인지 알아차리기가 매우 어렵다. 실제 미국에서 2000년에 시행된 조사에서 양극성 장애 환자의 69퍼센트가 최초에 잘못 진단되었고 일부 환자는 정확한 진단을 받는 데 10년이 더 걸린 것으로 밝혀졌다.[9] 단극성 우울증을 치료할 때처럼 항우울제를 처방하면 양극성 장애 환자의 기분 변화 주기가 빨라지거나 (경)조증으로 전환될 가능성이 높기 때문에 처음에 두 진단을 잘 감별해야 한다.

빠르게 발전 중인 뇌 영상학은 겉으로 나타나는 모습만으로는 구분이 쉽지 않은 두 종류의 우울증을 진단하는 데 도움을 줄 수 있다. 한 예로 미국 피츠버그 대학교와 독일 뮌스터 대학교의 연구진이 2014년에 발표한 논문을 살펴보자.[10] 연구진은 양극성 우울증 환자 58명, 성별과 나이를 맞춘 단극성 우울증 환자 58명, 일반인 58명의 뇌를 3차원 화소기반 측정법으로 비교했다.

두 집단의 뇌를 비교한 결과, 양극성 우울증 환자에서 해마와 편도체의 회색질이 줄어든 반면에 단극성 우울증 환자에서는 전방대상회의 회색질의 부피가 감소했다. 이런 특징을 고려해 뇌 영상을 분석하자 최대 79퍼센트의 정확도로 두 우울증 집단을 구분할 수 있었고 한쪽 기관에서 분석 훈련을 받은 뒤에 다른 쪽의 자료를 분석할 때의 정확도도 69퍼센트까지 이르는 것으로 나타났다. 향후 관련 기술이 더 발전하면 양극성 우울증 환자와 정신과 의사가 겪고 있는 시행착오를 줄일 수 있으리라 기대한다.

흔히 봄은 계절의 여왕으로 통한다. 보통 사람들은 싱그러운 공기와 각양각색의 꽃에서, 새롭게 맞이하는 교실과 친구에서, 라디오에서 들려오는 달콤한 노래에서 봄이 왔다는 사실을 느낀다. 하지만 정신과 의사들은 조증이 발생해 병원에 입원하는 양극성 장애 환자 수가 늘어나는 것에서 봄의 귀환을 체감한다. 적지 않은 환자가 춥고 어두운 겨울철에는 우울하게 지내다가 따뜻하고 밝은 봄이 되면서 조증으로 넘어가는 계절성을 동반하기 때문이다.

활력이 과도하게 넘치는 조증 상태의 양극성 장애 환자를 치료하다 보면 종종 힘들 때도 있지만 완치해서 평소의 건강한 모습으로 퇴원하는 모습을 보면 그간의 피곤함도 잊게 된다. 오히려 나를 포함한 정신과 의사를 지치게 만드는 것은 양극성 장애에 대한 사회의 인식 부족과 오해이다. 기분·활력·인지의 명백한 변화가 있고 일상생활에서 문제를 초래하는데도 단순히 성격 문제로 여기거나 치료를 거부하기 때문이다.

혹 기분과 활력의 잦은 변동으로 고통받고 있다면 별것 아닌 것으로 치부하지 말고 정신과를 꼭 찾기 바란다. 그래야 양극성 장애라는 마음의 겨울에서 벗어나 건강함이라는 봄이 찾아올 것이다.

조현병

무시무시한 병의 이름과 실체

피해망상의 순간들

바이올린 연주자 중에 요제프 하시드라는 인물이 있다. 명연주자 프리츠 크라이슬러는 그의 바이올린 선율을 듣고 200년에 한 번 태어나는 연주자라 말했고 다수의 유명 바이올린 연주자를 길러 낸 카를 플레시는 그를 이제껏 만난 제자 중 가장 뛰어난 문하생으로 여겼으며 명반주자 제럴드 무어는 함께 음반 작업을 하면서 곧바로 그의 천재성에 매료되었다.

1923년 폴란드에서 태어난 그는 17세에 영국 위그모어홀에서 공식적인 첫 무대를 가졌다. 갓 열다섯 살이 되었을 때 곡을 녹음했을 정도로 뛰어난 실력의 소유자였던 그의 공연은 큰 반향을 일으켰다. 하지만 천재성은 오래 불타오르지 못했다. 이듬해부터 그는 잠옷만 입고 온종일 거리를 돌아다니거나 거울 앞에서 얼굴을 찡그리고 부적절하게 웃고 옷을 수시로 갈아입는 엉뚱함과 아버지를 때리고 위협하는 공격성을 보이기 시작했다.

결국 하시드는 열여덟 살의 나이에 병원에 입원한 뒤 조현병 진단을 받고 당시로서는 첨단 치료법이었던 인슐린 혼수 요법, 전기 경련 요법을 받았다. 상태가 일시적으로 호전되어 이듬해에 퇴원했지만 이내 증상은 재발했다. 재입원을 하게 되자 그는 자신을 가두는 병원을 고소하겠다며 거칠게 겁주고 주변 사람을 의심하기 시작했다. 증상이 호전되지 않아 계속 입원해 있던 그는 1950년 또 다른 첨단 치료법이었던 전두엽 절제술을 받았으나 감염 후유증이 발생해 스물일곱의 젊은 나이로 삶을 마감했다. 오래전의 일이어서 기록이 충분하지 않지만 아버지를 공격하고 병원을 위협하고 주변 사람을 의심하던 하시드의 행동은 조현병의 주요 증상 중 하나인 피해망상 때문이었을 가능성이 크다.

신경계 조율에 관한 병

신성 바이올리니스트를 요절하게 만든 조현병은 어떤 질환일까? 조현병의 의학적 개념은 독일의 정신과 의사 에밀 크레펠린이 처음 정립했다. 환자가 젊을 때 병이 발생하고 황폐해져 가는 경과를 보였기에 조발성 치매라는 용어를 사용했다. 그러나 1908년 스위스의 정신과 의사 오이겐 블로일러는 질환의 경과보다는 증상 자체가 더 중요하다고 생각해 정신분열증이란 이름을 제안했다. 병명의 기원은 그리스어 schizo에서 비롯되었는데 어원을 살펴보면 '분리split'와 '마음phrenia(mind)'이라는 뜻이 내포되어 있다. 그의 의도는 새로운 이름으로 병에 대한 편견을 없애는 것이었다.

이 병의 이름을 1937년 일본에서 정신분열精神分裂로 번역했고 한국은 이를 차용했다. 문제는 여기에서 시작했다. 블로일러의 의도와는 달리 아시아 한자 문화권에서는 마음이 찢어지고 정신이 갈라져 인격이 와해되고 극도로 퇴행하는 병이라는 오해와 편견이 발생했다. 그래서 일본에서는 1993년 일본가족협회가 병명 변경을 요청하고 10여 년의 노력 끝에 2002년 통합실조증統合失調症으로 개명되었고 홍콩에서도 비슷한 이유로 사각실조증思覺失調症으로 이름이 바뀌었다.[1]

한국에서는 2007년 환자 가족 동호회의 병명 개정 청원을 계기로 본격적인 이름 변경이 논의되었다. 처음에는 30여 개의 명칭이 제안되었으나 2010년 조현(긴완)증, 사고(긴완·이완)증, 통합(이완)증이 최종적으로 선정되었다. 조현은 '현악기의 줄을 고르다'란 뜻으로 신경계의 조율이 잘 이뤄지지 않아 질환이 발생하는 것을 표현하지만 의미가 다소 추상적이어서 이해가 어려운 단점이 있었다. 하지만 질환에 대한 오해와 편견을 타파하려는 애초의 취지 덕분에 은유적 명칭인 조현증이 환자·가족·의사의 가장 많은 지지를 얻었다. 이후 '증'보다는 '병'이 더 과학적인 의미가 있다는 의견에 힘입어 최종적으로 '조현병'으로 결정되었다. 그리고 2011년 법률 개정을 통해 정신분열증은 부정적 낙인을 일으키던 낡은 옷을 벗고 환자를 따뜻이 품을 수 있는 조현병이란 새 옷을 입고 다시 태어났다.

생소하기도 하고, 첫 자가 같은 조울병과 헷갈리곤 해 일부에서는 굳이 이름을 바꿀 필요가 없다는 의견도 존재한다. 하지만 전남대학교병원 김성완 교수가 개명 전후의 낙인을 비교한 연구 결과에 따르면 개명의 효과는 긍정적이다.[2] 단순히 병명이 바뀐 것만으로도 "위험한 사람이다" "결혼을 반대한다" "운전을 해서는 안 된다"와 같은 부정적 시선이 큰 폭으로 감소했다. "해당 병명만 들어도 두렵다"는 응답이 설문 조사에서 약 38퍼센트에서 11퍼센트로 세 배 이상 감소한 것이 이를 잘 보여 준다.

나에게만 들리는 환청

조현병의 진단 기준 A를 보면 환각·망상·와해된 언어·와해된 행동·음성 증상 중에서 두 가지 이상이 있어야 하는데 《DSM-5》로 개정되기 이전 《DSM-4》에서는 환청이 뭔가를 명령하거나 두 개 이상의 환청이 서로 대화를 나누는 양상이면 이것 하나만으로도 진단 기준 A를 충족시켰다. 지금은 조현병 진단이 쉽게 내려지는 것을 방지하기 위해 2013년 새롭게 개정된 《DSM-5》에서는 해당 내용이 삭제되었다. 이렇듯 조현병의 대표적인 증상 중 하나는 환청이다. 물론 모든 종류의 환각 또한 진단 기준이 될 수 있지만 임상적으로는 환청이 가장 많이 나타난다. 환시도 흔한 편이지만 뇌의 다른 기질적 문제가 원인일 때가 종종 있으며 환후·환미·환촉은 매우 드물다.

가끔 환청이 꼭 나쁘지만은 않은 것 같다고 말하는 사람들이 있다. 남들에게 없는 특이한 경험이라고 생각하는 것이다. 그러나 조현병에 동반되는 환청은 일반적으로 "당신은 사랑받기 위해 태어난 사람" 같은 온화한 분위기를 띠지 않는다. 대개 환자를 위협하거나 비난하고 모욕하는 내용이다. 만약 내가 이런 경험을 최소한 6개월 이상(조현병 진단의 기준이 되는 기간) 겪는다고 생각해 보자. 심리적 고통은 매우 크겠지만 가족이나 친구의 공감을 얻기가 쉽지 않다. 환청은 오직 환자에게만 들리는 소리이기 때문에 딱히 와닿지도 않는다. 주변 사람들도 '별일 아니겠지. 저러다가 괜찮아지겠지' 하는 반응을 보이게 될 뿐이다.

환청에 시달리는 조현병 환자는 주변에 아무도 없는데도 들려오는 소리의 원인에 대해 골몰하게 된다. 그러다가 간혹 자신의 주변에 도청 장치 혹은 감시 카메라가 설치되어 있다는 결론을 내리곤 한다. 주변에서는 황당한 이야기로 치부하지만 환자는 나름 진지하다. 혼자 있는 방에서 누우려고 하면 "눕지 마" 하고 밥 먹을까 하면 "밥 먹지 마" 하는 소리를 계속 듣다 보니 누군가가 자신을 감시한다고 여기게 된다. 혹은 자신의 행동뿐 아니라 생각마저 읽힌다는 느낌에 누군가 몰래 자기 몸에 도청 장치를 심었다고 생각하게 된다.

조현병을 진단할 때 어려운 점은 환자가 아니면 환청을 들을 수 없는 점이다. 아직까지는 환청을 진단하는 마땅한 검사 도구가 없기 때문에 환자가 들리지 않는다고 주장하면 실재 유무를 판단하기 어렵다. 난감한 상황에서 정신과 의사는 어떻게 의학적 결정을 내릴까? 비밀을 살짝 공개하자면 환자가 보이는 특정 행동이나 외부에서 관찰되는 정서 상태인 정동에 그 답이 있다. 환자들은 재미있는 환청이 들릴 때 혼자 배시시 웃고 대화할 때도 혼자서 중얼거리고 위협하는 소리에는 경직된 표정을 짓곤 한다. 물론 임상에서는 단편적인 정보뿐만 아니라 환자에 대한 통합적 이해를 바탕으로 최종적인 진단을 내리게 된다.

망상을 부추기는 사회

영화 〈블랙 스완〉은 조현병 환자의 심리를 잘 그린 작품이다. 나탈리 포트만이 연기한 주인공 니나는 〈백조의 호수〉 발레 공연에서 순수한 백조와 관능적인 흑조라는 두 배역을 동시에 맡게 된다. 하지만 완벽에 가까운 니나의 백조 연기에 비해 흑조 연기는 상대적으로 미흡했다. 부족한 연기력을 고민하던 니나는 새로 입단한 릴리의 도발적인 연기를 보면서 부담과 불안을 느끼다가 점점 망상에 빠져들게 된다. 니나가 보인 증상은 릴리가 자신을 쫓아다니면서 배역을 뺏으려 한다고 여기는 전형적인 피해망상이었다.

망상은 환청과 함께 조현병에서 두드러지게 나타나는 증상으로 다른 사람이 자신을 해하려 한다는 착각에 갇히는 피해망상이 가장 흔하다. 피해망상의 내용은 매우 다양하다. 학교 친구들이 자신을 괴롭히기 위해 조별 과제에서 따돌리거나 속인다고 믿고 직장 동료들이 자신을 해고시키기 위해 음모를 꾸며 업무를 방해한다고 확신한다. 또한 길을 걸을 때 국정원 직원이나 경찰이 자신을 미행하면서 감시한다고 믿거나 이웃 사람이 자신을 죽이려 음식에 독을 탔다고 생각해 식사를 거부한다.

흔히 조현병의 망상이라고 하면 "외계인들이 뇌 속에 조종 장치를 심어 놓고 갔어요"나 "외부 세력이 아무런 상처도 내지 않고 내 장기를 다른 사람의 장기와 바꿔치기 했어요"와 같은 기괴

한bizarre 망상을 떠올린다. 하지만 피해망상의 상당수는 기괴하지 않은non-bizarre 특징도 지닌다. 학교나 직장에서 괴롭힘이나 따돌림은 누구나 한 번쯤 경험했거나 쉽게 공감할 수 있는 내용이다.

정신분석 측면에서 볼 때 망상은 자신의 부족함이나 적개심, 불만을 주변의 다른 사람에게 투사해 오히려 상대방이 자신을 해칠 것이라고 뒤집어씌우는 과정을 통해 형성된다. 그렇기에 피해망상을 잘 이해하기 위해서는 먼저 조현병 환자의 주변 환경을 잘 살펴보는 것이 중요하다. 망상 속 가해자는 환자가 평소 사회생활에서 만나는 사람들일 수 있고 망상의 내용은 동시대의 문화적 맥락을 반영한다.

실제 1881년~2000년의 슬로베니아에서 처음 입원한 조현병 환자들의 망상의 내용을 분석해 보면 공산주의 독재 정권 아래에 있었던 1941년~1980년은 종교 망상이나 마술적 망상을 토로하는 환자들이 가장 적었다.[3] 하지만 공산주의가 몰락한 1981년 이후에는 사람들이 다시 신을 찾기 시작하면서 영적 존재가 자신을 홀리고 쫓아다니면서 괴롭힌다고 주장하는 환자들이 늘어났다. 1941년부터 1980년까지는 정부가 종교 억압 정책을 시행했기 때문에 종교 활동이 위축되면서 관련된 망상도 흔하지 않았던 것이다.

한국에서도 망상은 시대에 따라 변해 왔다. 한양 대학교 연구진에 따르면 1980년대에 비해 1990년대는 정치적 내용을 주제로 한 망상이 감소하고 애정 문제, 직장 등에 관련된 망상이 증가했다.[4] 반면 1990년대와 2000년대에는 망상의 내용에 큰 차이가 없었다. 1990년대 이후 문민정부가 들어선 뒤 민주주의가 정착하면서 경제·사회·문화 영역도 안정되었기 때문으로 추측되었다. 피해망상만 따로 살펴봐도 1980년대에는 망상 속에서 경찰·국정원(과거 안기부)에 의한 정치적 박해가 28퍼센트를 차지했지만 1990년대에는 12퍼센트, 2000년대에는 5퍼센트로 감소했다.[5] 조현병 환자의 사회적 배경을 잘 파악하고 이해하는 것이 평가와 치료에서 매우 중요함을 시사하는 부분이다.

2016년 5월 강남역 살인 사건이 발생했다. 서울 서초구의 한 노래방 화장실에서 한 조현병 환자가 23세 여성을 흉기로 네 차례 찔러 숨지게 한 사건이었는데 그 배경에는 '여성이 나를 견제하고 괴롭힌다'라는 피해망상이 있었다. 피의자의 증상 밑바탕에는 우리 사회에 오래전부터 퍼져 있던 여성 혐오와 비하가 깔려 있을 가능성이 높다. 조현병 환자의 자아 기능이 취약하다는 특징을 고려하면 피의자가 여과 없이 받아들인 사회 현상이 증상으로 표출되었을 가능성이 있는 것이다.

조현병 환자를 품는 법

2019년 4월 조현병 환자가 진주시 한 아파트에서 불을 지른 뒤 흉기를 휘두른 사건이 있었다. 여러 명의 사상자가 발생한 끔찍한 사건이었기에 조현병 환자의 공격성과 범죄에 대한 우려가 크게 증폭되었다. 관련 기사에는 '조현병 환자를 격리하라'는 댓글도 심심치 않게 달렸다. 이처럼 우리 사회에는 환청과 피해망상이 주된 증상인 조현병 환자를 위험하고 이상한 사람으로 바라보는 시선이 여전하다.

조현병 환자가 위험한지, 범죄율이 높은지는 일차원적으로 답변하기 어렵다. 질환의 상태나 동반 질환에 따라 다르기 때문이다. 2012년부터 2016년까지 한국의 경찰청 범죄 통계 자료와 건강 보험 심사 평가원의 자료를 살펴본 연구에서 조현병 환자의 전체적인 범죄율은 일반인의 5분의 1 정도에 그쳤지만 중범죄(살인·방화·약물 관련)를 저지르는 비율은 일반인보다 크게 높은 것으로 드러났다.[6] 이런 결과는 외국의 선행 연구 결과와 일치했다.

병원에서 보면 치료를 잘 받는 다수의 조현병 환자들은 매우 협조적이고 순응적이다. 공격적이기는커녕 오히려 어리숙하고 사회성이 떨어져 사회생활에서 피해를 볼 때가 많다. 하지만 관리를 잘 받지 못하거나 방치되면 환청이나 피해망상과 같은 증상이 악화되면서 불안과 공포를 느끼고 주변에 적대성을 드러낸다. 감정적인 동요를 억누르는 과정에서 음주율이나 약물 남용률이 높아진다. 이런 상태에 이르면 공격성이 나타나 위험할 수 있고 당연히 범죄율도 증가한다.

젊은 시절 조현병으로 세 차례 입원 치료를 받았지만 현재는 미국 서던캘리포니아 대학교에서 법학·심리학·정신의학 교수를 겸임하고 있는 엘린 삭스는 강연에서 자신의 질환을 극복한 비결로 이렇게 세 가지를 꼽았다.

첫째, 훌륭한 치료를 받았어요.
둘째, 나와 내 병을 이해하는 가까운 가족과 친구가 있어요.
셋째, 나를 너무나도 지지해 주는 직장에서 일하고 있어요.

우리 사회는 어떠한가? 병에 대한 인식이 부족해 치료를 꺼려하는 환자를 방치하고 있지는 않는가? 만성 질환인 조현병의 관리 책임을 사회에서 충분히 지고 있을까? 과거보다 나아지긴 했지만 아직 이 질문들에 충분히 대처하고 있다고 답변하기 어렵다. 혹 우리는 삭스처럼 충분히 사회의 일원이 될 수 있는 조현병 환자를 알게 모르게 범죄자로 만들고 있는 것은 아닌지 다시 한번 생각해 보게 된다.

외상 후 스트레스 장애

사회적 참사에 대하여

우리가 목격한 참사들

2014년 4월 16일, 오전 업무를 갓 마친 점심시간에 텔레비전의 속보를 통해 세월호 침몰 소식을 들었다. 400명 넘는 탑승자들이 구조의 손길을 기다린다는 뉴스였다. 모두 구조됐다는 소식에 잠깐 안도했지만 오보였음을 알고 좌절했다. 손에 일이 잡히지 않았다. 시간이 흘렀지만 구조된 생존자는 없었고 갈수록 사망자 수만 늘어 갔다. 최종적으로 시신 미수습자 9명을 포함해 304명이 사망했고 제주도로 수학여행을 가던 325명의 안산

단원 고등학교 학생 중 불과 75명만 구조되었다.

세월호 사고는 2003년에 발생한 대구 지하철 화재 사건과 유사한 점이 많다. 당시 대구 지하철 1호선 중앙로역에 진입하던 전동차에서 시작된 불이 큰 화재로 번지면서 약 450명의 승객 중 192명이 숨지고 148명이 부상을 당했다. 대형 사고라는 공통점 외에 참사에 이르는 과정도 비슷했다. 사령실은 화재를 조기에 인지하고도 반대편에서 진입하는 전동차를 세우지 않았고 당황한 기관사의 다급한 연락에도 사령실은 '침착하라'며 안일하게 대처했다. 전기가 끊겨 전동차가 움직이지 않자 기관사는 마스터키를 뽑고 대피했고 승객들은 문이 잠긴 열차 안에서 희생되었다.

11년이 지난 서해 앞바다에서 세월호의 연락을 받은 진도 교통 관제 센터는 상황을 모르니까 선장이 탈출 여부를 결정하라는 교신을 남겼다. 하지만 선장과 선원들은 "현재 위치에서 안전하게 기다리고 밖으로 나오지 마시기 바랍니다"라는 안내 방송만 남겨 놓고 먼저 탈출했다. 구조 장비와 경험 모두 부족한 구조대가 우왕좌왕했던 대구에서처럼 세월호 구조에 나선 해경의 지휘 체계는 엉망이었고 윗선 보고를 신경 쓰느라 정작 구조에 최선을 다하지 못했다.

하지만 두 사건 사이에 차이점은 존재했다. 대구 지하철 화재 참사를 계기로 생존자의 심리적 고통에 대한 관심이 늘어났고,

세월호 참사에서 재난 정신 건강을 사회적 차원에서 챙길 수 있게 되었다. 지난 역사는 오늘의 거울이라는 말이 있다. 두 사건을 돌아보면서 외상 후 스트레스 장애에 대한 이해가 한층 깊어지고 재난에 대처하는 사회적 역량이 늘어날 수 있기를 바란다.

기억을 지우려는 뇌

대구 지하철 화재의 생존자들이 구조 뒤에 느낀 안도는 잠시뿐이었다. 이들은 신체 부상과 함께 심리적 어려움을 겪었는데 가장 큰 고통이 바로 외상 후 스트레스 장애였다. 이 질환은 자연재해·화재·전쟁·사고로 인한 신체 손상이나 폭행·학대 같은 생명을 위협당하는 사건을 경험한 피해자가 겪는 심리적 고통을 일컫는다. 피해자들은 사건과 관련한 고통스러운 회상과 회피 행동, 인지와 감정의 부정적 변화, 그리고 과도한 각성과 예민한 반응을 경험하며 평범한 일상생활을 영위하지 못한다.

대구 지하철 화재 참사 후 2개월이 지난 2003년 4월, 생존자 129명 중 64명(약 50퍼센트)이 외상 후 스트레스 장애로 진단되었다.[1] 다른 정신과적 문제를 제외하면 심리적으로 정상 범주에 속하는 사람은 단 17명(약 13퍼센트)에 불과했다. 이 정도의 비율은 외상 후 스트레스 장애의 평균 유병률인 20~40퍼센트를 웃도는 것으로 대구 지하철 화재가 그만큼 심각한 참사였음을 보여 준다.

생존자들은 유독 가스가 가득 차고 어두웠던 참사 현장이 시시때때로 떠올라 작은 불조차 피하고 어둡거나 밀폐된 곳에는 가지 못했다. 또한 분노와 죄책감이나 세상에 대한 원망과 울분으로 힘들어했고 마음을 집중하기 힘들고 쉽게 놀라며 잠을 이루지 못하는 어려움을 겪었다.

시간이 흘러도 생존자들의 심리적 고통은 계속되었다. 1년 6개월과 2년 8개월이 지난 시점에서도 53명 중 37명(70퍼센트)과 37명 중 21명(57퍼센트)이 여전히 외상 후 스트레스 장애를 겪는 것으로 드러났다.[2] 당시 많은 생존자가 마음의 고통을 겪으면서도 이상한 사람으로 보일까 봐 심리 검진이나 치료를 받지 않았다. 이들까지 포함한다면 실제 환자는 훨씬 더 많았을 것으로 생각된다.

또한 유가족의 심리적 고통도 컸다. 유가족 20명을 대상으로 한 조사를 보면 이들이 겪은 심리적 스트레스는 '경고'와 '위험'을 알리는 기준치의 거의 두 배까지 상승했다.[3] 유가족 12명을 불안 장애, 기분 장애 환자들과 비교한 다른 조사에서도 유가족들은 더 큰 스트레스를 호소했다. 생존자 가족들도 크게 다르지 않았다.[4] 생존자를 보살피는 과정에서 심리적으로 점점 지쳐 갔으며 경제적 어려움까지 겹치면서 이들도 역시 많은 고통을 겪어야 했다.

외상 후 스트레스 장애를 겪는 이들은 시간이 흘러 사건 당시의 상황이 사라지고 주변에서 든든히 지켜 주는데도 불안을 느끼곤 한다. 가장 힘든 것은 당시의 공포스러운 기억이 시도 때도 없이 되살아난다는 점이라고 이들은 말한다. 일반적으로 사람이 위험에 노출되면 뇌의 공포 회로가 활성화하면서 불안을 느끼게 된다. 이때 뇌의 다른 영역들이 공포 회로를 억제하면 마음은 다시 편한 상태를 회복해 간다.

하지만 대구 지하철 화재의 생존자들의 뇌에서는 공포 처리 과정이 잘 이뤄지지 않았다.[5] 류인균 당시 서울 대학교 교수 연구진은 이를 신경회로의 이상 때문으로 추정했다. 외상 후 스트레스 장애 환자의 뇌에서 과도하게 활성화한 공포 회로가 잘 조절되지 않으면서 생존자들은 더 자주 화재의 기억을 떠올리며 불안감에 휩싸였다. 이처럼 외상 후 스트레스 장애는 뇌 영상으로 확인되는, 즉 실재하는 고통이다. 따라서 이들의 심리적 고통을 덜기 위해서는 막연하게 수동적으로 기다리지 말고 어려움을 극복하기 위한 적극적이고 실질적인 조치를 시행해야 한다.

엄습하는 공포의 기억에 맞서 우리 뇌도 치열하게 싸우며 이를 극복한다. 5년 동안 화재 참사 생존자들의 뇌 영상을 추적 조사한 류 교수 연구진의 2011년 연구 결과를 보면, 초기에는 이들의 뇌에서 등쪽 가쪽 전전두피질이 보통 사람의 경우보다 더 두꺼워져 있었다.[6] 뇌의 맨 앞부분 바깥쪽의 상단에 위치하는 이곳의 두께가 두꺼울수록 생존자는 심리적 고통에서 더 빠르게 벗어나고 있었고 5년 뒤에는 거의 평상 수준으로 회복되었다.

등쪽 가쪽 전전두피질은 부정적인 기억을 다시 평가하고 불쾌한 기억을 억제하면서 나쁜 감정을 적절하게 처리하는 것으로 알려져 있다. 생존자들의 뇌에서 이곳이 두꺼워진 이유는 화재의 끔찍한 기억이 과도하게 활성화시킨 공포 회로를 억제하고 조정하는 노력을 크게 기울였기 때문으로 풀이된다. 뇌의 두께를 변화시킬 만큼 이들 마음의 고통이 컸던 것이다. 그러다가 생존자들이 심리적 외상에서 어느 정도 벗어나면 이 영역도 점차 얇아지다가 원래 상태의 두께로 돌아갔다.

세월호의 심리적 여파

사회적 이해가 깊지 않던 시기에 정신 건강 지원을 제대로 받지 못했던 대구 지하철 화재의 생존자들은 10여 년이 지나서도 외상 후 스트레스 장애를 포함한 여러 질환에서 회복되지 못했다. 반면에 세월호 사고의 경우 구조된 75명의 단원고 학생들이 입원한 직후부터 기민한 대처가 진행되었다. 사고 다음 날 안산시 정신건강 증진센터에 통합재난 심리지원단이 구성되어 심리지원을 총괄하기로 결정되었다. 여러 의료·사회 복지·심리 단체들이 일원화된 교육을 이수한 후 26곳에 이르는 심리 상담소에서 상담을 시작할 수 있었다. 진도 팽목항 현장에도 정신건강 심리지원 태스크포스가 구성되어 위기심리 상담센터가 운영되었다. 이후 대한신경정신의학회 산하 재난정신건강위원회가 본격적으로 가동되면서 세월호와 관련된 사람들의 정신 건강을 체계적으로 돌보기 시작했다.

생존자와 유가족뿐만 아니라 단원고의 학생과 교사, 지역 사회, 구조에 나선 잠수부의 심리 건강까지 살피려고 노력했다. 이런 변화는 세월호 사고가 발생하기 1년 전에 개정된 외상 후 스트레스 장애의 진단 기준을 반영한 움직임이었다. 새로운 진단 기준은 외상에 노출되는 대상을 이전보다 넓게 규정한다. 따라서 세월호 사고를 직접 경험한 생존자 외에도 친구나 가족, 목격자나 사고의 부정적 측면을 반복적으로 자세히 경험한 잠수부나 자원봉사자에게도 전반적인 심리 검진이 진행되었다.

이처럼 사고 초기부터 적극적이고 체계적으로 시행된 지원 활동 덕분에 세월호의 심리적 여파가 구체적으로 드러났다. 사고 후 20개월이 지난 실시한 조사에서는 생존 학생들의 26.3퍼센트가 외상 후 스트레스 장애를 겪고 있는 것으로 나타났다.[7] 흔히 시간이 약이라고 하지만 끔찍한 사고의 후유증은 이토록 오래 지속된다. 비슷한 시기 자식을 황망하게 잃은 부모들 또한 무려 70.2퍼센트가 외상 후 스트레스 장애를 겪었다.[8] 사고 발생 초기에는 구조에 참가한 자원봉사자, 단원고 교사 중에서도 유사한 심적 고통을 호소하는 이들이 존재했다.

세월호 사고의 피해자들이 오랫동안 외상 후 스트레스 장애에 시달리는 이유는 무엇일까? 만성 경과를 보이는 질환의 특성 때문일 수도 있겠지만 일정 부분은 불투명한 세월호 사고의 처리 과정 때문이기도 하다. 아마도 사건 초기의 부실한 대응을 덮기 위해 당시 박근혜 정부는 침몰과 구조 실패의 원인 규명, 책임자 처벌 등에서 모두가 납득할 만한 결과를 내놓지 못했다. 심지어 일부 국민들은 정치 논리에 빠진 채 '잊으라' '지겹다'며 유가족을 윽박지르고 '시체 팔이'를 그만하라며 모욕했다. 이런 상황에서 희생자들의 심리적 고통이 좋아지기를 기대하는 것이 이상할지도 모른다.

여러 해가 지났지만 여전히 많은 사람들이 세월호를 기억하고 있고 사고 직후 개소한 안산 정신건강 트라우마센터(현재 안산온마음센터)는 지금도 생존자와 유가족의 심리적 건강을 담당하고 있다. 이런 모습은 대구 지하철 참사의 상황과 대비된다. 당시 대구의 많은 생존자들은 건강이 나빠져 일을 못하게 되자 화재 3년 뒤인 2006년, 보상금을 일시불로 받아 생활비로 사용했다. 하지만 보상이 완료되었다는 이유로 이후 대구시는 생존자의 건강 상태에 대한 추적 조사나 추가적인 지원에 난색을 표했다. 또한 생존자의 정신 건강을 담당했던 의료진마저 심리적 외상에 대해 의견 표명을 꺼렸다. 한 기사의 제목대로 '망각의 공기'가 대구 사회 전체를 덮어 버렸다. 세월호 사고 역시 끔찍한 참사였지만 대응 과정은 과거의 실수를 반복하지 않으려는 노력이 엿보여서 우리 사회가 조금이나마 발전했음을 느낄 수 있다.

외상 후 성장을 바라며

한국에서는 성수대교 붕괴, 삼풍백화점 붕괴, 태풍 매미, 대구 지하철 화재, 경주 마우나오션 리조트 붕괴처럼 대규모 인명 피해를 동반한 재난이 반복적으로 있어 왔다. 하지만 재난 대책은 늘 미흡했고 특히 생존자·유가족·구조자 등 재난 경험자를 위한 정신 건강 지원은 산발적으로 이뤄지는 데 그쳤다. 그러나 2014년 발생한 세월호 사고를 계기로 보다 체계적으로 사고 현장에서의 상담, 관련 교육 자료의 생산과 보급, 언론 및 인식 개선 활동이 이루어지고 있다. 올해 초반 코로나-19 때문에 우리 사회가 불안에 휩싸였을 때에도 대한신경정신학회 산하 재난정신건강위원회는 공포심을 줄이는 대국민 홍보와 심리 지원을 발빠르게 제공할 수 있었다.

세월호 사고가 여타 재난과 특별히 다른 점은 배가 침몰하는 과정이 계속 생중계되었다는 점이다. 인터넷·텔레비전·영화·그림을 통해 사고를 접한 경우여서 진단 기준에 들어맞지는 않지만 고통스러운 장면에 길게 노출된 것을 고려하면 사회 전체가 외상 후 스트레스 장애에 걸렸다 해도 과장이 아닐 것 같다. 한동안 인구에 회자된 '이게 나라냐'라는 짧은 문장에 많은 이들이 느낀 답답함과 분노, 울분이 잘 담겨 있다. 그래서 '외상 후 울분 embitterment 장애'라는 말도 주목을 받고 있다.

외상 후 스트레스 장애 연구에서 최근 관심을 받는 내용으로 '외상 후 성장post traumatic growth'이란 개념이 있다. 심리적 외상을 경험한 사람들의 삶에 어려움이 발생할 때 치료의 목표는 일상생활 복귀지만 일부 사람들은 회복 차원을 넘어서 이전보다 더 긍정적인 내면의 변화를 경험한다. 여기에는 개인의 성향도 중요하겠지만 주변의 지지 체계 역시 관여하는 것으로 알려져 있다. 세월호 사고는 분명 피해를 최소화할 수 있었던 전형적인 인재였고 대응 과정도 미흡한 부분이 많았다. 그렇기에 더더욱 희생자를 끊임없이 기억하고 지속적으로 돌봐야 한다. 그때 우리 사회도 외상 후 성장을 경험할 수 있을 것이다.

뇌전증

데자뷰를 느끼는 뇌의 착각

이미 경험한 느낌

데자뷰라는 말은 100여 년 전만 해도 주로 연구자들만 쓰는 단어였다. 그러나 요즘은 달콤한 사랑을 읊조리는 대중 가요의 제목이 될 정도로 많은 사람이 알고 있는 단어가 되었다. 발음이 까다로운 이 프랑스어가 친숙해진 이유는 많은 사람이 일상에서 다양한 형태로 데자뷰를 경험하기 때문이다. 실제 41개 조사 결과를 종합해 살펴봤더니 일생 동안 적어도 한 번 이상 데자뷰를 겪은 사람의 비율이 평균 67퍼센트에 이르렀다.[1] 하지만 경험의 빈도는 나이에 따라 다르게 관찰되는데 십대 후반과 이십대가 가장 많고 나이가 들면서 점차 줄어든다.

나는 이십대 후반에 로마에서 데자뷰를 경험했다. 해가 서쪽으로 뉘엿뉘엿 지던 오후 포로 로마노를 뒤로 하고 콜로세움 쪽으로 발걸음을 옮겼다. 먼발치에서도 눈에 띄는 위풍당당한 자태에 가슴이 설레기 시작했다. 빨리 안을 보고 싶은 마음에 허둥지둥 계단을 오르자 콜로세움의 내부가 눈앞에 펼쳐졌다. 주변 사람들의 환호성과 감탄사가 들려오는 순간, 기묘한 느낌이 스쳐 지나갔다. '전혀 낯설지가 않아. 전에 여기 와 본 것 같은데…' 태어나서 처음으로 로마를 방문한 것이었는데, 이상했다. 잠시 멍하게 서 있던 나를 다른 관광객이 스치고 지나가자 정신이 들었다. '아, 이런 게 데자뷰구나' 우리말로 번역하면 '기시감既視感' 즉 처음 본 대상을 '이미 본 것 같은 느낌'을 뜻한다. 이 데자뷰를 실제 경험한 것이 매우 신기했다.

도파민의 이모저모

왜 젊은 사람들이 데자뷰를 많이 경험하는 것일까? 일반적으로 나이 든 사람에 비해 젊은 사람이 새로운 용어나 개념을 더 잘 받아들인다. 따라서 젊은 사람이 데자뷰를 더 잘 알고 있기 때문에 더 많이 보고했을 수 있다. 혹은 노화로 청력이 둔해지듯이 나이 든 사람은 평소와 다른 인지적 경험을 한 뒤에도 둔감한 탓에 데자뷰로 인식하지 못했을 수도 있다.

일부 연구자들은 도파민과 같은 신경 전달 물질에서 그 원인을 찾기도 한다. 인간의 뇌는 나이가 들면서 도파민을 적게 만들어 내고 도파민에 반응하는 능력도 감소하기 때문이다.[2] 2001년에 이를 잘 보여 주는 흥미로운 케이스가 있었다.[3] 39세의 남성 의사가 독감 치료를 위한 약물을 복용한 뒤부터 데자뷰를 경험하기 시작했다. 그리고 10일 뒤 치료를 끝내자 데자뷰는 더 이상 나타나지 않았다. 그가 복용한 아만타딘amantadine과 페닐프로파놀아민pehynylpropanolamine은 다름 아닌 뇌에서 도파민의 활동을 증가시키는 약물이다.

이 의사는 데자뷰를 경험하면서 불쾌하기보다는 즐거운 감정을 느꼈다고 한다. 하지만 이는 짧은 동안만 겪었기 때문일 수 있다. 2014년 발표된 다른 케이스를 살펴보자.[4] 영국의 23세 젊은 남성은 대학에 입학한 뒤부터 줄곧 데자뷰를 겪어 왔다. 이로 인해 그는 일상에서 텔레비전 시청·라디오 청취·신문 읽기를 피했다. 이미 본 듯한 느낌 때문에 지루했고 언짢았던 것이다. 또한 이전에 방문했던 곳에 가면 같은 하루가 반복되는 일명 '타임루프'에 갇힌 느낌으로 고통을 받았다.

이 남성을 면밀히 살핀 영국의 웰즈Wells 교수는 지속적인 데자뷰가 불안에서 비롯한 것으로 추측했다. 그는 평소 과도한 불안을 지니고 있었는데 특히 더러움에 예민한 편이어서 손을 자주 씻고 하루에 두세 번씩 목욕을 하곤 했다. 이런 양상은 그가 대학에 들어갈 때쯤 악화되었다. 그러나 뇌 영상 분석 결과는 정상이었고 여러 심리 검사에서도 특별한 이상 소견이 없었기 때문에 웰즈 교수는 데자뷰의 원인을 심리적인 부분에서 찾은 것이다.

39세 의사나 23세 청년이 경험한 데자뷰는 매우 흥미로운 케이스이다. 하지만 이런 경우만을 근거로 삼아 데자뷰의 원인이 도파민이나 불안과 연관된다고 단정할 수는 없다. 과학에서 한두 증례만 가지고 원인을 일반화하는 것은 너무 성급하기 때문이다. 그런데 데자뷰 연구들을 더 살펴보면 측두엽 뇌전증temporal lobe epilepsy이란 질환이 많이 언급되는 것을 알 수 있다. 왜일까? 그 이유는 측두엽 뇌전증을 앓는 사람들이 데자뷰를 자주 경험하는 것으로 보고되기 때문이다. 따라서 데자뷰의 신경학적 기전을 찾는 여행은 이 질환에서 시작된다.

익숙하다는 착각에서

뇌전증腦電症이란 병명이 낯설 수 있다. 예전에는 간질이라 불리다가 질환에 대한 부정적 인식과 편견을 줄이기 위해 2009년 개명이 이뤄졌다. 뇌전증은 뇌에서 비정상적으로 발생한 전기 신호가 뇌 조직을 타고 퍼져 나가는 과정에서 경련성 발작을 일으키는 질환으로 뇌의 영역과 발작의 양상에 따라 여러 유형으로 나뉜다. 측두엽 뇌전증은 측두엽에서 이상이 발생하는 것으로 성인 환자에서 가장 흔히 볼 수 있는 형태이다. 측두엽 뇌전증 환자들은 보통 발작이 있기 전에 뭔가 곧 발생할 것 같은 느낌인 전조aura를 경험한다. 전조의 형태는 다양한데 흔히 반복적으로 입맛을 다시거나 신체의 한 부위를 문지르는 자동 행동automatism을 하거나 배가 불러오고 얼굴이 빨개지는 식으로 자율신경계의 변화가 나타난다. 또한 공포·공황·우울 등의 정서 변화와 '몽롱한 상태dreamy state'에 빠지는 인지 변화가 일어날 수 있다. 처음 봤는데 이미 본 느낌이 든다면 '이게 꿈인가, 생시인가?' 하는 데자뷰 역시 인지 변화의 일종이다.

인간 뇌에서 측두엽은 이름 그대로 뇌의 옆쪽에 있는 부위이다. 그중 내측 측두엽은 사실적 정보에 대한 장기 기억을 유지하는 역할을 담당한다.[5] 사실적 정보란 의식적으로 떠올릴 수 있는 내용으로 내가 전에 누구를 만났는지, 어디를 갔는지도 여기에 포함된다. 따라서 낯설어야 할 상황이 익숙하게 느껴진다면 뇌의 내측 측두엽에 이상이 발생한 것으로 추측할 수 있다. 다시 말해 측두엽 뇌전증 환자들이 경험하는 데자뷰는 이들 뇌의 내측 측두엽의 오작동이 원인인 것이다.

기억과 관련해 조금 더 깊이 들어가 보자. 인간의 뇌는 회상

recollection과 친숙함familiarity이란 두 방법으로 익숙한 상황을 인식한다.[6] 회상을 할 때는 이전에 저장해 놓은 기억에서 과거의 특정 내용을 인출retrieve한다. 예를 들면 어릴 적 다니던 학교를 다시 찾았을 때 수업을 듣던 교실을 떠올리면서 '전에 이 학교를 다녔구나' 하고 깨닫는 것이다. 반면 친숙함의 경우에는 구체적인 정보 없이도 과거의 경험을 느끼거나 이전에 겪은 것을 알게 된다. 다시 어릴 적 학교를 예로 돌아가 보면 도서관 옆을 지나면서 들어가지 않고도 익숙하다고 느끼는 것이다.

기억을 다루는 뇌

회상과 친숙함이 뇌 과학적으로 구분되는 이유는 뇌에서 각각 담당하는 영역이 다르기 때문이다. 여러 뇌 영상 연구를 종합해 보면 회상은 해마 및 해마 주위피질이 관련되는 반면에 친숙함은 비주위피질과 연관된다.[7] 따라서 측두엽 뇌전증 환자가 데자뷰를 자주 경험하는 것은 이들 뇌에서 발생한 비정상적인 전기 신호가 내측 측두엽의 기억과 관련된 영역을 오작동시키기 때문이라고 추측해 볼 수 있다.

비정상적으로 발생한 전기 신호가 데자뷰의 원인이 될 수 있는 것은 프랑스의 엑스-마르세유 대학교의 파브리스 바르톨로메이 교수의 2012년 연구에서도 확인된다.[8] 연구진은 뇌전증 환자들의 기억 관련 영역에 전기 자극을 가해 봤다. 그 결과 평소와 다른 전기 신호가 해마보다 비피질에 주어질 때 환자들이 데자뷰를 더 많이 경험하는 것으로 나타났다. 즉 친숙함을 담당하는 비피질이 자극받으면 구체적인 내용을 회상하지 못해도 익숙하다고 느끼면서 데자뷰가 발생하는 것이다.

그러나 이런 결과만으로 데자뷰의 원인을 내측 측두엽의 비주위피질 한곳으로 몰아갈 수는 없다. 데자뷰가 발생하는 동안 비피질과 해마뿐 아니라 편도 사이의 뇌파가 서로 밀접하게 연관성을 띠고 있었기 때문이다. 이는 뇌의 특정 부위가 아니라 여러 영역들이 함께 데자뷰 생성에 관여하고 있음을 의미한다. 데자뷰를 유발하는 뇌 영역을 콕 집어 찾아보려 했던 여러 뇌 영상 연구 결과가 일치하지 않는 것도 이 때문인 것으로 보인다.

측두엽 뇌전증 환자들을 통해 오랫동안 잊고 있었던 궁금증이 조금 풀린 것 같다. 하지만 여전히 해결되지 않은 부분도 있다. 건강한 일반인도 데자뷰를 겪는다는 점이다. 더욱이 2010년 일본에서 시행된 연구에 따르면 뇌전증 환자 집단보다 일반인 집단이 데자뷰를 더 많이 겪는 것으로 나타났다.[9] 자연스럽게 데자뷰 여행의 다음 목적지는 일반인을 대상으로 한 연구들이 된다.

신경과학자들은 뇌에 들어온 정보를 처리하는 지각perception이나 과거에 경험했던 것을 떠올리는 기억memory이 평소와 다르게 진행될 때 데자뷰가 발생한다고 추측한다.[10] 물론 깊이 들어

가면 많은 이론과 논쟁이 존재하는데 이를 다 공부하려면 끝도 없이 암기하던 의대 시험 기간을 데자뷰로 경험할 것 같아 두려워진다. 일단 가상 현실을 이용한 최근의 연구[13] 하나를 살펴보도록 하자.

미국의 콜로라도 주립대학교 심리학부 클리어리Cleary 교수 연구진은 실험에 참가한 대학생들에게 가상 현실 장치를 통해 '데자 마을'이라는 동네를 경험하도록 했다. 데자 마을은 생활 시뮬레이션 게임 〈심즈 2〉를 이용해 제작되어 참가자들은 실제처럼 마을을 경험할 수 있었다. 연구진은 64가지의 방·건물·풍경 등의 장면을 준비하면서 형태가 유사한 64가지 장면을 더 만들었다. 짝이 되는 장면들은 격자무늬를 이용해 벽·마루·천장·가구·조명·예술 작품·구조물·지형 등이 정확하게 일치하도록 제작되었다. 참가자들은 장면들을 볼 때마다 얼마나 익숙한지 그리고 데자뷰를 경험하는지와 함께 새로운 장면인지 아니면 이전에 본 것인지 표시했다.

연구 결과 새로운 장면이 이전에 경험했던 장면과 구조적인 배치가 같은데도 그 배치를 이전에 봤다는 사실을 떠올리지 못할 때 데자뷰를 더 많이 느꼈다. 새로운 장면이더라도 이전에 봤던 장면과 형태가 유사하지 않으면 데자뷰는 잘 나타나지 않았다. 예를 들어 전혀 다르게 꾸민 수족관과 안내실의 구조를 서로 교묘하게 섞었을 때 즉 어항을 의자로, 바닥 타일을 카펫으로,

벽의 유리창은 업무를 보는 칸으로 바꿨다고 해 보자. 이때 전체 구조적인 틀은 유지할 때 참가자들은 세세한 기억을 하지 못해도 익숙함을 느끼면서 데자뷰를 경험하게 되는 것이다.

이런 관점에서 보면 로마에서의 데자뷰 원인도 역시 과거의 경험에서 찾아야 할 것 같다. 이전에 방문했던 원형(로마의 콜로세움과 비슷한) 구조의 경기장을 기억해 봤다. 여러 경기장이 떠올랐는데 비슷하기는 하지만 구조적인 배치까지 똑같지는 않았다. 끄덕여지던 고개가 멈췄다. 그러면 뭘까? 내 기억이 온전하지 않을 가능성도 있다. 실제 이 연구에서도 참가자들이 종종 이전에 봤던 장면을 다시 경험하고도 마치 새로운 장면처럼 받아들이곤 했다. 이때 참가자들이 데자뷰를 더 느꼈던 만큼 나 역시 다른 방식으로 콜로세움을 이미 경험했을지도 모른다.

진료실에서의 데자뷰

뇌 영상의 발달로 데자뷰의 신경학적 실체는 이전보다 많이 드러난 것 같다. 내가 로마의 콜로세움에서 경험한 데자뷰는 기억의 오류일 수도 있고 지각의 문제일 수도 있다. 이도 아니면 정신분석적으로 평소에 인식하지 못한 무의식적인 소망이 데자뷰로 표출된 것인지 모른다. 돌이켜 보니 오래전에 콜로세움이 배경인 영화 〈글래디에이터〉를 수십 번 반복해 보면서 주인공

막시무스에게 푹 빠졌던 적이 있다. 당시 치프 레지던트로 의국을 이끌면서 겪었던 어려움이 투영되어 용맹하고 리더십 넘치는 막시무스가 되고 싶었던 걸까? 하지만 여기에서 조금만 더 선을 넘어서 '내가 전생에 막시무스였나 봐'라고 생각하면 소위 텔레파시·염력·임사체험·환생·유령 등 초자연적 현상을 다루는 초심리학 같은 유사類似과학 수준으로 전락할 수 있다. 주의가 필요한 부분이다.

정신과 진료실에서도 비슷한 데자뷰를 종종 경험한다. 도움받아야 할 환자가 병원 대신 엉뚱한 곳에서 유사 치료를 받다가 증상이 더 나빠지는 상황이 끊이지 않는다. 불편한 내용의 환청이 들리는데 종교 시설에서 기도하고 불안해서 일을 못 하는데 점집을 전전하고 우울해서 활력이 없는데 해병대 캠프를 방문하는 식으로 말이다. 병원을 조기에 방문했으면 덜 고생하고 빨리 회복했을 텐데, 하는 아쉬움을 느낄 찰나 처음 만난 환자인데도 낯설지 않은 익숙함을 마주하게 된다.

병원 방문이 늦어진 이유를 조심스레 물어보면 돌아오는 답은 대동소이하다. 진료 기록이 남으면 나중에 사회생활에 문제될까 봐, 정신과 방문을 주변 사람이 알면 미친 사람 취급할까 봐, 정신과 약 먹으면 정신이 흐려지고 평생 약을 못 끊을까 봐 그랬다는 말을 새로운 듯 익숙하게 듣게 된다. 정신과에 대한 편견이 아직 우리 사회에 무성한 까닭이겠지만 다행히 사회적 노력을 통해 천천히 오해가 풀리고 있다. 가까운 미래에 이런 이야기를 들었을 때 경험한 일인데도 생소하게 느껴지는 '자메뷰 jamais vu'를 경험하길 기대해 본다.

확증 편향

보고 싶은 것만 보는 눈

머리가 좋은 사람

나는 이십대 초반까지 스스로 머리가 좋은 줄 알았다. 한 차례의 대입 실패를 겪었지만 우여곡절 끝에 의대에 입학했고 예과 성적도 좋지 않았지만 마음 한구석에는 '내가 안 해서 그렇지, 한번 마음먹으면 과 수석도 우스운 일이야'라는 생각이 늘 똬리를 틀고 있었다. 하지만 본과에 진학한 뒤에도 성적은 크게 오르지 않았다. 마음속 호언장담과 달리 재시와 유급을 걱정해야 했다. 속상했던 점은 온갖 방법을 동원해 암기한 내용들이 정작 시험을 볼 때는 기억나지 않는 것이었다. 거듭된 실패에 하늘을 찌를 듯했던 자신감은 서서히 가라앉아 침몰의 위기에 봉착했다. 그래서 성적이 상위권인 동기들이 어떻게 공부하는지 알아보기 시작했다. 몇 시에 등교하고 하교하는지 식사 시간은 얼마나 걸리는지 동기들과 같이 공부하는지 아니면 혼자 하는지 몇 가지 색의 형광펜을 사용하는지 등을 흥신소 직원처럼 조사했다.

한동안 들인 노력에 비해 결과는 허망했다. 정식으로 통계를 낸 것은 아니었지만 상위권 동기들과 나 사이에는 별다른 차이점이 없었다. 한 친구는 허탈해하는 내게 한 마디 툭 던졌다. "걔들은 머리가 좋은 거야." 그렇다. 사실 이미 답은 알고 있었다. 단지 인정하기가 싫었을 뿐이다. 물론 이렇게 결론 내리는 것이 동기들의 노력을 폄훼하거나 나의 부족함을 합리화하려는 것은 결코 아니다. 하지만 분명 '머리가 좋은 사람'은 존재한다. 천재로 일컬어졌던 물리학자 알베르트 아인슈타인처럼 말이다.

아인슈타인의 뇌

역사상 많은 천재들이 있었다. 하지만 아인슈타인만큼 많은 관심을 받은 천재는 드물다. 심지어 아인슈타인의 뇌는 지금껏 남아 있다. 미국 펜실베이니아주의 필라델피아에 있는 무터 박물관을 방문하면 용이한 관찰을 위해 화학 물질 크레실 바이올렛으로 염색된 아인슈타인 뇌의 얇은 조각들을 만날 수 있다. 그의 뇌가 남겨진 것은 후대의 학자들에게 흥미로운 연구 대상이 되었지만 사실 이는 고인이 원한 모습은 아니었다. 그는 죽기 전에 자신의 시신을 화장하도록 부탁했기 때문이다.[1]

무슨 일이 있었던 것일까? 아인슈타인이 세상을 뜬 60년 전으로 돌아가 보자.[2] 1955년 4월 12일 그는 복부에 심한 통증을 느껴 뉴저지주에 있는 프린스턴 병원에 입원했다. 대동맥이 풍선처럼 부풀어 오르는 질환인 대동맥류가 원인이었다. 담당 의사는 수술을 권유했지만 그는 인위적으로 삶을 연장하는 것을 원하지 않았다. 우아한 죽음을 원했던 그는 결국 닷새 뒤인 4월 18일 새벽 1시 15분에 숨을 거뒀다.

일곱 시간이 지난 뒤 아인슈타인의 시신은 차가운 철제 테이블에 놓였다. 화장을 하기 전 사인死因을 밝히기 위한 통상적인 부검이었다. 부검은 당직 중이던 병리학 의사 토마스 하비에 의해 진행되었다. 그는 핀셋·가위·톱 등 여러 해부 도구를 이용해 아인슈타인의 몸속을 두루 살폈다. 사인은 예상했던 대로 부풀어 있던 대동맥류의 파열 때문이었다.

하지만 사인을 알아낸 뒤에도 하비는 작업을 멈추지 않았다. 그는 아인슈타인의 두피를 한쪽 귀에서 다른 쪽 귀까지 잘라 낸 뒤 드러난 두개골에 전기톱을 댔다. 이어서 그가 두개골의 벌어진 틈에 끌을 박고 나무 막대로 몇 번 두드리자 두개골은 큰 소리를 내며 갈라졌다. 그러자 상대성 이론, 광전 효과 등의 혁혁한 과학적 성과를 냈던 아인슈타인의 뇌가 모습을 드러냈다. 그는 서둘러 척수와 다른 조직을 잘라 아인슈타인의 뇌를 두개골에서 끄집어냈다.

하비는 아인슈타인의 뇌를 조심스럽게 저울에 올렸다. 천재의 뇌가 크고 무거울 것이라 기대했지만 예상과 달리 뇌의 무게는 1230그램 정도였다. 일반인의 뇌보다 크기는커녕 오히려 조금 작고 가벼웠던 것이다. 그는 눈앞의 결과를 선뜻 받아들이기 힘들었다. 하지만 일생일대의 기회를 이런 식으로 허망하게 놓치고 싶지는 않았다. 그래서 하비는 포름알데히드 병에 아인슈타인의 뇌를 담은 뒤 훗날을 기약하기로 했다.

뇌의 크기에 대하여

하비는 왜 아인슈타인의 뇌가 일반인의 뇌보다 클 것이라고 예상했을까? 앞서 소개한 무터 박물관에서 20분 정도 걸으면 도착할 수 있는 펜 박물관에 실마리가 있다. 이곳에는 19세기 미국 과학자이자 의사인 사무엘 조지 모턴이 세계 곳곳에서 수집한 여러 인종의 두개골이 보관되어 있다. 훗날 자료 수집가, 객관주의자, 정량화의 화신이라 불린 그는 천 개가 넘는 두개골을 하나

하나 살펴 가며 연구 자료를 축적했다.

뇌의 크기를 측정하기 위해 모턴은 처음에 겨자씨를 이용했다. 기독교의 《성경》에서 예수가 작은 믿음을 겨자씨로 묘사한 것에서 알 수 있듯이 겨자씨의 크기는 매우 작다. 그는 체로 거른 겨자씨를 두개골 안에 채워 넣은 뒤 겨자씨를 다시 눈금이 새겨진 원통에 옮겨 담는 방법으로 뇌의 부피를 측정했다. 그러나 시간이 지나면서 겨자씨로는 일관된 결과를 얻지 못하는 것을 깨달았고 지름이 약 0.3센티미터인 작은 납 탄환을 사용하면서 오차를 줄여 나갔다.

모턴은 수집한 자료를 바탕으로 뇌의 크기가 인종별로 차이가 있음을 밝혀냈다. 그는 백인의 뇌가 흑인의 뇌보다 약 10퍼센트 정도 더 크며 백인의 지능도 그만큼 더 높을 것이라는 주장을 펼쳤다. 한마디로 '머리가 클수록 머리가 좋다'고 한 것이다. '증거에 의해 뒷받침되지 않는 어림짐작의 수렁에서 미국의 과학을 구해 낸 사람'으로 칭송받던 모턴의 연구 결과는 이후 오랫동안 반박할 수 없는 견고한 자료로 자리매김했다.

그러나 이에 대해 고생물학자 스티븐 제이 굴드는 1978년 과학저널 〈사이언스〉에 발표한 논문[3]과 1981년에 발간한 책 《인간에 대한 오해》를 통해 모턴의 주장이 객관적이지 않다고 지적했다. 굴드에 따르면 모턴은 뇌의 크기를 측정하고 분석해 결론을 내린 것이 아니라 그 반대였다. 즉 '인종에 따라 지능에 차이가

난다'란 주관적인 결론을 먼저 내려 놓고 이를 입증하기 위해 뇌의 크기를 '오측정mismeasure' 한 것이었다.

인종을 분류할 때 모턴의 기준은 수시로 바뀌었고 자료의 선택은 '그때그때 달라요' 식으로 이뤄졌으며 최종 결과물에는 잘못된 계산과 편의주의적인 생략이 종종 담겨 있었다. 굴드는 이를 모턴이 의도적으로 조작을 시도한 것은 아니지만 인종에 대한 편견이 무의식적으로 연구 결과에 반영되었다고 해석했다. 이후 모턴은 생전에 떨친 명성과 반대되는 방향, 즉 자신의 주관이 연구의 객관성을 왜곡시킨 '진실을 배반한 과학자'[3]로 대중들에게 인식되기 시작했다.

두개골을 둘러싼 논쟁

모턴이 수집한 두개골을 둘러싼 논쟁은 2011년에 다시 타올랐다. 시작은 굴드의 책 제목을 패러디한 '과학의 오측정The Mismeasure of Science'이라는 제목으로 과학 저널 〈플로스 바이올로지〉에 발표된 논문이었다.[4] 연구는 여섯 명의 인류학자들이 펜 박물관에 보관 중인 두개골들을 다시 측정한 뒤 이를 모턴과 굴드의 자료를 재분석한 결과와 비교하는 방법으로 진행되었다.

결과는 지금까지 알려진 것과 정반대였다. 굴드의 비판과 달리, 모턴의 두개골 측정은 대부분 정확하게 이뤄진 것으로 드러났다. 예를 들면 연구진의 측정치와 모턴의 측정치는 불과 2퍼센트밖에 차이가 나지 않았다. 더욱이 이 경우에도 모턴은 백인이 아닌 흑인의 뇌를 더 크게 측정했는데 이는 모턴을 향한 굴드의 비판과 정반대인 결과였다. 다시 말해 모턴은 자신의 주관적 편향을 따르지 않고 객관적으로 두개골들을 측정한 것이었다.

반면 연구진은 굴드야말로 과학자의 주관이 결과에 영향을 미치는 것을 역설적으로 보여 준다고 주장했다. 이들에 따르면, 굴드 역시 분석 과정에서 자료를 선택적으로 수집했고 통계를 잘못 사용했으며 자신의 바람에 맞지 않는 불편한 표본을 무시하는 실수를 범했다. 연구진이 굴드의 자료에서 수학적인 오류를 수정한 결과 놀랍게도 모턴의 연구 결과보다 더 그의 인종에 대한 가설에 부합했다. 이를 바탕으로 연구진 중 한 명은 〈뉴욕타임스〉와 한 인터뷰에서 굴드야말로 '주관적 이념이 극단에 치우친 사기꾼'이라고 강하게 비난했다.

연구진의 주장대로 모턴은 30년 넘게 자신을 따라다니던 오명을 떨쳐 버리고 '객관주의자'란 생전의 명성을 회복한 것일까? 하지만 그의 객관성을 입증한 연구 결과를 액면 그대로 받아들이기에는 몇 가지 제한점들이 눈에 띈다. 예를 들면 연구진은 모턴이 분석한 두개골 개수의 채 절반도 분석하지 않았으며 뇌의 크기와 관련된 요인들(나이·성별·신장)을 분석 과정에 포함시키지 않았다.

어쩌면 연구진도 부지불식간에 굴드를 비난하던 자신들의 덫에 걸린 것일 수 있다. 이들의 논문 제목을 다시 패러디한 〈네이처〉의 사설 '오측정을 위한 오측정Mismeasure for mismeasure'은 이들의 동기에 주목했다. 예를 들면 연구진의 일부가 펜실베이니아 대학교와 직간접적으로 연관되어 있기에 모턴의 불명예를 지우려는 노력은 이들의 이해관계와 연결되어 있었다. 또한 연구진은 '과학은 사회 문화적 맥락에서 벗어날 수 없다'란 굴드의 주장을 명확하게 반대하는 자신들의 주관성을 드러냈다.

종지부를 찍기 위해 굴드의 책 제목을 패러디한 '인간의 재측정Remeasuring man'이란 제목으로 2014년 발표된 논문을 마지막으로 살펴보자.[10] 저자 와이스버그 교수는 모턴과 굴드의 자료를 재분석한 결과를 모턴을 옹호한 2011년의 논문과 비교했다. 그 결과 굴드가 비록 실수를 범하고 사실을 과장하긴 했지만 그의 주장은 유효한 것으로 드러났다. 다시 말해 모턴의 주관적인 편견이 연구의 객관성에 영향을 끼쳤던 것이다.

확인하고 싶은 마음

그리고 1978년 스티븐 레비라는 젊은 기자가 맨 처음 아인슈타인의 뇌를 꺼낸 토마스 하비를 어렵게 찾아내 인터뷰를 할 때까지 아인슈타인의 뇌는 오랫동안 사람들의 기억에서 잊혔다.

놀랍게도 그는 여전히 천재의 비밀을 밝혀내는 중이라고 주장했다. 더욱 놀라운 것은 아인슈타인의 뇌가 그의 방 한구석의 맥주 냉각기 밑 사과주스 상자 안의 병에 들어 있는 것이었다.

세간의 관심을 다시 받기 시작한 하비에게 1980년대 초반 캘리포니아주의 마리안 다이아몬드 교수로부터 연락이 왔다. 당시 생쥐의 뇌를 이용해 환경이 뇌에 끼치는 영향을 연구 중이던 그는 아인슈타인의 뇌에서도 자신의 발견을 확인하길 원했다. 이에 하비는 각설탕 크기의 아인슈타인의 뇌 조각 네 개를 크래프트 마요네즈 병에 담아 다이아몬드 교수에게 우편으로 보냈다. 몇 년 뒤인 1985년 아인슈타인의 뇌를 통해 천재성을 설명하는 논문이 처음으로 발표되었다.[12] 하비는 네 번째 저자로 논문에 이름을 올리며 천재의 비밀을 밝히고자 했던 오랜 바람을 마침내 이루게 되었다.

다이아몬드 교수가 하비에게 요청한 조각들은 뇌의 좌우측 배외측 전전두피질과 각회였다. 이 영역들은 뇌에서 여러 정보를 연합하는 곳으로 고차원의 기능을 수행하는 것으로 알려져 있다. 그는 연구를 위해 아인슈타인과 일반 남성 11명 뇌의 네 개 영역에서 신경 세포 뉴런과 이를 감싸면서 지지하는 아교 세포의 수를 센 뒤 서로의 세포 개수나 세포 간 비율을 비교하는 방법을 사용했다.

연구 결과 아인슈타인 뇌의 좌측 각회에서 '신경 세포 대 아교 세포'의 비율이 더 낮은 것으로 나타났다. 간단히 말하면 아인슈타인의 뇌는 일반인의 뇌보다 아교 세포를 더 많이 가지고 있었다. 다이아몬드 교수는 이전 연구에서 지적 자극이 풍족한 환경에서 생활한 생쥐의 뇌에서 그렇지 않은 생쥐의 뇌에 비해 아교 세포가 많이 관찰된 것을 알고 있었다.[5] 이와 유사하게 아인슈타인의 뇌에서 '신경 세포 대 아교 세포'의 비율이 낮게 나타난 것은 아인슈타인이 뇌를 많이 사용함에 따라 신경학적 대사를 위해 아교 세포가 증가한 것으로 해석되었다.

공개된 천재의 비밀은 사람들의 뜨거운 관심을 받았다. 덩달아 아인슈타인의 뇌와 떼려야 뗄 수 없는 하비뿐 아니라 이미 학계에서 업적을 쌓고 있던 다이아몬드 교수까지 유명해졌다. 하지만 유명세와는 별도로 이 연구에는 많은 오류가 존재한다.[6] 예를 들면 대조군의 평균 나이가 64세로 아인슈타인의 사망 당시 나이 76세와 차이가 있었으며 뇌에 영향을 끼칠 수 있는 요소인 사회·경제 상태나 사인에 대한 통제가 전혀 이뤄지지 않았다. 또한 그 발견마저도 뇌 영역과 세포의 수 및 비율별로 이뤄진 총 28개의 분석 중에서 유일하게 의미 있는 결과였다.

주관성과 확증 편향

이 연구의 부족한 객관성에 대한 또 다른 중요한 증거는 이

중맹검이 이뤄지지 않은 점이다. 즉 자료 수집을 위해 현미경으로 뇌 조각을 살피며 세포의 수를 세기 전에 연구자들은 이미 눈앞의 뇌가 아인슈타인의 것인지 알고 있었다. 이 경우 연구자의 주관이 결과에 영향을 미치는 관찰자 편향observer bias을 배제하기 어렵게 된다.

하비는 1995년 캐나다 온타리오주의 샌드라 위틀슨 교수에게 손으로 쓴 팩스 한 장을 보낸다.[7] 내용은 간단했다. "알베르트 아인슈타인의 뇌를 연구하고 싶나요?" 위틀슨 교수가 비록 아인슈타인의 뇌를 요청한 적은 없었지만 매력적인 제안을 거부할 이유는 전혀 없었다. 그 역시 하비에게 짧은 답장을 팩스로 보냈다. "네."

하비가 아인슈타인의 뇌에 관심을 보인 여러 학자들의 제안을 뿌리치고 위틀슨 교수에게 연락했던 이유는 그의 '뇌 은행brain bank' 때문이었다. 당시 그는 인지 기능과 건강 상태에 관한 정보가 일일이 담겨 있는 많은 뇌를 가지고 대규모의 연구를 진행하고 있었다. 하비는 여전히 천재 뇌의 비밀에 목말라 있었다. 그는 우물을 찾는 마음으로 낡은 자가용에 아인슈타인의 뇌가 담긴 병을 싣고 북쪽으로 길을 떠났다.

연구 결과는 1999년 의학계의 유명 학술지인 〈랜싯〉에 실렸다.[8] 하비도 논문에 저자로 이름을 올렸다. 연구진은 평균 지능지수IQ가 116인 남성 35명, 여성 56명의 뇌를 아인슈타인의 뇌와 비교했다. 현미경으로 뇌의 조직을 비교했던 이전 연구들과 달리 위틀슨 교수의 연구는 뇌의 형태를 비교하는 방식으로 이뤄졌다. 다시 말해 이번에는 천재의 뇌 속이 아니라 겉이 살펴진 것이었다.

연구진은 아인슈타인 뇌에서 몇 가지 특징을 발견했다. 이를 살피기에 앞서 뇌의 구조를 잠깐 살펴보도록 하자. 인간의 뇌를 옆에서 보면 앞부분인 전두엽과 윗부분인 두정엽을 아래쪽의 측두엽과 나누면서 뻗어져 있는 실비우스열이란 큰 고랑이 있다. 또한 두정엽의 앞부분에는 위아래로 뻗어져 있는 후중심선이 위치한다. 일반적으로는 후중심선이 실비우스열의 뒷부분보다 앞에 존재한다.

그런데 아인슈타인의 뇌에서는 실비우스열이 곧장 후중심선과 이어져 있었다. 즉 그의 뇌에서는 실비우스열의 뒷부분이 일반인에 비해 훨씬 더 앞쪽에 있었다. 또한 그의 뇌 무게는 1230그램으로 일반인과 큰 차이가 없지만 두정엽은 일반인보다 오히려 15퍼센트 더 넓었다. 이런 특징으로 인해 그의 뇌에서는 두정엽의 아랫부분인 하두정소엽이 더욱 커져 있었다.

하두정소엽은 뇌로 들어온 시각·청각·체성 감각(촉감·온도·통증)이 서로 연합하는 곳으로 시공간 인지 기능과 수학적 사고 등을 담당한다. 연구진은 보통 사람과 구별되는 아인슈타인의 뛰어난 지능과 과학적 영감이 바로 크게 발달한 하두정소엽에서 비롯한 것으로 추정했다. 실제 독일의 천재 수학자 가우스의 뇌도 이런 특징을 지닌 것으로 알려져 있다.[9] 이전의 연구들과 달리 비교군의 통제가 잘 이뤄진 이 연구는 아인슈타인의 뇌에 관한 논문 중 가장 많이 학계에서 언급되었다. 또한 천재성의 비밀이 밝혀졌다며 당연히 많은 언론이 앞다투어 소개했다.

6개월 뒤 미국의 알버트 갈라버다 교수는 〈랜싯〉에 위틀슨 교수의 논문에 대해 다른 의견을 피력했다.[10] 그가 보기에는 아인슈타인의 우측 뇌에서 실비우스열의 뒷부분이 끊기지 않은 채 올라가고 있었고 좌측 뇌에서 위틀슨 교수가 발견하지 못했던 두정덮개라는 작은 주름이 '자신의 눈'에는 명확히 보이기 때문이었다. 나아가 그는 아인슈타인 뇌의 형태가 위틀슨 교수의 주장과 달리 흔한 편이라고 주장했다.

갈라버다 교수의 의견에 대해 위틀슨 교수는 자세한 해부학적 설명으로 응답했다. 그리고 갈라버다 교수가 좌측 두정덮개라고 생각하는 곳은 후중심회를 잘못 본 것이라고 반박했다. 누구의 주장이 맞는 것일까? 위틀슨 교수의 자료를 다시 살핀 포크 교수의 2009년 논문[11]에 따르면 갈라버다 교수의 손을 들어줘야 할 듯싶다.

아인슈타인 뇌에 대한 형태학적 논쟁은 신경 해부학 영역에서 단순해 보이는 내용조차 의견 일치에 이르는 것이 쉽지 않음을 잘 보여 주고 있다.[12] 갈라버다 교수가 언급했듯이 두정엽을 포함한 인간의 뇌는 많은 주름이 있고 밖으로 솟아오른 부분인 회gyrus와 안으로 접혀 들어간 부분인 구sulcus가 다양한 형태를 띠기 때문에 육안으로 접근하고 양적으로 비교하는 것이 사실 쉽지 않다. 아름다움의 주관성을 표현한 영어 속담을 조금 비틀어 이런 상황을 표현해 보면 '뇌는 보는 이의 눈 속에 있다'라고 할 수 있겠다.

1998년 하비는 40년 넘게 갖고 있었던 아인슈타인의 뇌를 과거 근무했던 프린스턴 대학병원에 기증했다. (일부 자료에서는 몇 년 뒤인 2000년 초반에 기증한 것으로 소개되고 있다.) 뇌를 건넨 후 집에 돌아오던 그의 심정은 말 그대로 '시원 섭섭'하지 않았을까? 이후 그의 행적은 많이 알려져 있지 않다. 아인슈타인 서거 50주기인 2005년에는 몇몇 언론의 인터뷰에 응하기도 했던 그는 2007년 숨을 거두었다.

하비의 죽음으로 아인슈타인 뇌의 연구는 막을 내린 듯했다. 2009년에 포크 교수가 바이올린 연주에 능했던 아인슈타인의 음악적 재능을 설명할 수 있는 뇌 구조물을 규명했지만 이 연구는 위틀슨 교수의 기존 자료를 다시 살폈다는 한계가 있었다. 하지만 꺼져 가나 싶던 관련 연구의 불씨는 2010년, 다시 타올랐다. 하비의 유족들이 아인슈타인 뇌의 미공개 사진과 표본을 미국 국립의료박물관에 기증했기 때문이었다. 천재의 뇌 비밀을 추적하는 이야기는 아직 끝나지 않은 것이다.

2013년 미국의 포크 교수는 새롭게 공개된 사진 14장을 바탕으로 아인슈타인의 뇌를 살핀 결과를 발표했다.[13] 대부분의 사진들이 흔하지 않은 각도에서 촬영되었기 때문에 그는 과거의 사진에서는 보이지 않던 뇌 구조물들을 찾을 수 있었다. 85명의 일반인 뇌 사진과 비교해 보니 아인슈타인의 뇌는 이전의 연구에서 많이 언급되었던 두정엽 외에도 전두엽과 후두엽의 여러 영역에서 주름이 많고 굴곡이 복잡하게 이뤄져 있었다.

뇌의 앞부분에서는 전전두피질에서 이런 특징이 두드러졌다. 전전두피질은 정보의 조직화, 집중의 유지, 작업 기억 등과 같은 실행 기능executive function에 관여하는 곳이다. 연구진은 이곳이 많이 접혀 있는 특징 덕분에 아인슈타인이 한 줄기 빛을 타고 여행하거나 우주로 상승하는 엘리베이터 안에 들어가 있는 것을 상상하면서 '사고 실험thought experiments'을 할 수 있었던 것으로 추론했다. 아울러 뇌의 뒷부분에 위치하는 시각 피질의 안쪽 면에 발달한 많은 주름과 굴곡 역시 이런 능력에 기여하는 것으로 판단되었다.

다음 해인 2014년 포크 교수는 중국의 연구진과 함께한 연구에서 아인슈타인의 뇌의 또 다른 특징을 찾아냈다.[14] 이들이 주목했던 것은 좌뇌와 우뇌를 연결하는 뇌량이란 부위였다. 정확한 분석을 위해 연구는 아인슈타인의 뇌량을 두 대조군 집단의 뇌량과 비교하는 방식으로 이뤄졌다. 한 집단은 아인슈타인이 사망한 나이와 비슷한 평균 74세의 남성 노인들 15명이었고 다른 집단은 아인슈타인이 광전 효과, 브라운 운동, 특수 상대성이론, 질량-에너지 동등성에 관한 논문을 발표한 나이 대인 평균 26세의 젊은 남성들이었다.

연구 결과, 아인슈타인의 뇌량 즉 좌우 대뇌 반구를 연결하는 신경 섬유 다발이 반구 사이의 세로 틈새 깊은 곳에 활 모양으로 밀집되어 있는 것이 노인 집단의 뇌량에 비해 두께, 길이 등 비교 항목 10개 중 9개의 항목에서 큰 것으로 나타났고 젊은 집단과의 비교에서는 6개 항목에서 큰 것으로 나타났다. 연구진은 아인슈타인의 뇌량이 두꺼운 것을 양쪽 반구의 특정 영역 사이의 연결이 광범위하게 이뤄진 것으로 해석했다. 아인슈타인 뇌의 이런 특징은 그의 천재성, 즉 뛰어난 지능뿐만 아니라 특별한 시공간 기술과 수학적인 재능을 뒷받침하는 것으로 추정되었다. 천재가 괜히 천재가 아니었던 것이다.

아인슈타인의 뇌에 관한 최근의 연구들은 이전의 연구들보다 정교하게 설계된 만큼 더 객관적인 결과로 받아들일 수 있을까? '아인슈타인의 뇌에 대한 신경과학적 신화'라는 제목의 논문[15]에 따르면 답변은 안타깝게도 회의적이다. 논문을 쓴 하인즈 교수는 이전에도 아인슈타인의 천재성을 밝힌 처음으로 밝힌 다이아몬드 교수의 1985년도 논문을 "심각한 결함이 있어 연구의 결론을 수용해서는 안 된다"라고 비판한 적이 있다.[16]

하인즈 교수가 지적한 첫 번째 문제점은 '시간의 전후 관계를 인과 관계로 착각한 추론'이다. 아인슈타인은 생전에 자신의 사고는 심상image과 감정을 포함하고 시각뿐만 아니라 근육도 포함한다고 언급한 바 있다. 하지만 그렇다고 해서 아인슈타인 뇌의 특정 영역이 남다르게 확장되었다고 설명할 수는 없다. 이는 시간상 앞에 있었다는 이유로 이를 원인으로 규정짓는 논리이기 때문이다.

하인즈 교수가 언급한 다른 문제점은 확증 편향confirmation bias이다. 확증 편향이란 자신의 주관과 일치하는 정보는 받아들이고 그렇지 않은 정보는 무시하는 경향을 뜻하는데 쉽게 말해 보고 싶은 것만 보고 듣고 싶은 것만 듣는 것을 의미한다. 연구자들이 갖고 있던 '천재의 뇌는 뭔가 다를 것이다'란 바람이 자연스럽게 이를 확인하는 방향으로 이들을 이끌었던 것이다.

한 예로 뇌의 좌측 상하 전두회를 들 수 있다. 포크 교수는 2012년 논문에서 아인슈타인 뇌에서 확장된 이 영역들이 천재성을 설명한다고 주장했지만 사실 이 영역들은 2개 국어 구사자의 뇌에서도 발달하는 곳이다.[17] 주지하다시피 독일에서 태어나 미국에서 숨을 거둔 아인슈타인은 양쪽 언어를 사용할 수 있었다. 따라서 2개 국어 구사 등의 다른 가능성은 배제한 채 아인슈타인 뇌의 특별한 점을 오로지 천재성과 연결하려는 시도는 결국 주관성의 함정에 빠지는 결과를 낳게 되는 것이다.

천재 아인슈타인의 뇌를 둘러싼 이야기는 관련 연구에도 시사하는 바가 크다. 최근의 연구자들이 비록 객관성의 함몰이란 이전 연구의 장애물을 극복하고자 보다 많은 대조군을 선정하고 정교한 통계 방법을 사용했지만 보고 싶은 것만 보게 되는 인간의 기대 심리를 넘어서지 못한 한계를 지녔기 때문이다. 애초에 비교해야 할 천재의 뇌가 단 한 개라는 근본적인 약점 자체는 차치해도 그렇다.

어쩌면 아인슈타인의 뇌를 보존한, 이 모든 상황의 시발점인 토마스 하비야말로 객관성의 결여와 기대 심리의 충족이란 굴레의 첫 희생양이지 않을까? 자신의 주관적 욕심에 고인의 뜻을 반하는 행동을 했지만 사실 그에게는 뇌를 연구할 만한 객관적인 능력이 없었다. 또한 아인슈타인의 뇌를 맥주 냉각기 밑에 보관하고 집 안 부엌에서 칼로 썰어 방문객에게 건네고 플라스틱 용기에 담아 가지고 다니는 등 전문가답지 못한 행동으로 일관했다. 그리고 고대하던 결과가 나올 때까지 아인슈타인의 뇌에 매달리며 자신의 인생을 허비했다.

아인슈타인의 이름을 딴 책을 읽고 학원에 가고 우유를 마시는 우리 역시 사실은 천재가 되고 싶은 마음에 세상을 보고 싶은 대로만 보고 있는 것은 아닐까? 하지만 자신을 숭배하려는 사람들의 기대를 저버리기 위해 조용한 장례와 화장을 원했던 그는 정작 이런 식으로 자신이 소비되는 것을 기뻐할 것 같지 않다.

비록 아무 때든 그의 뇌를 무터 박물관에서 관람할 수 있고 단돈 만 원 정도면 디지털화된 형태로 다운받을 수 있는 것이 현실이지만 이제는 일반인이든 연구자든 주관적인 관심을 접고 아인슈타인의 뇌에게 진정한 자유를 선물해야 하지 않을까?

입스

야구 선수들의 성숙한 방어 기제

갑자기 불안해진 투수

평소에 별생각 없이 잘하던 행동에 주의를 기울이면 오히려 잘하지 못하게 되는 현상을 정신의학에서는 명시적 감시explicit monitoring 혹은 분석에 의한 마비paralysis by analysis라 부른다. 군대에서 훈련 중 "걸음 바꿔 가"란 구령에 '잘 바꿔야지' 하고 신경 쓰다 보면 같은 쪽 손과 발이 동시에 앞으로 나가는 경우가 많다. 이 이론은 운동선수가 심리적으로 압박을 받는 상황에서 수행 능력이 감소하는 데도 적용할 수 있다.

미국 프로 야구에 존 레스터라는 선수가 있다. 2006년에 메이저리그에 등장한 뒤 선발 투수로서 꾸준히 활약하며 월드 시리즈에서도 세 차례나 소속 팀을 우승으로 이끌었다. 림프종이라는 암도 앓았지만 몇 차례의 항암 치료를 거쳐 완치 판정을 받았고 이듬해 여름 선발 투수 자리로 복귀했다. 이후 그는 승승장구하기 시작했고 2008년에는 생애 첫 무안타, 무실점(노히트 노런) 경기도 만들어 냈다.

그런데 암도 극복한 레스터가 몇 년째 해결하지 못해 쩔쩔매고 있는 문제가 하나 있었다. 바로 일루수에게 공을 던지는 것이었다. 이상하지 않은가. 좁은 스트라이크존에 공을 던지는 것과 일루에 공을 던지는 것은 언뜻 비교해도 후자가 더 쉽다. 일루 송구에는 스트라이크와 볼이 없으며 방향이 조금 빗나가도 일루수가 팔과 다리를 뻗어 어지간한 공은 다 잡아 주기 때문이다. 상대 팀은 그의 약점을 놓치지 않았다. 일루 주자는 이루 쪽으로 보폭을 넓게 잡으며 호시탐탐 기회를 노리다가 도루를 시도했다. 레스터는 '도루 자판기'로 만천하에 소문이 나 버렸다.

존 레스터를 괴롭히는 범인의 정체는 '입스yips'이다. 입스는 무의식적인 경련·떨림·멍해짐 등의 증상이 운동선수의 미세 운동 기술fine motor skill을 방해하는 현상을 의미한다.[1] 흔히 골프의 퍼팅과 관련해서 언급되지만 다른 종목에서도 다양한 이름으로 나타난다. 예를 들어 다트에서는 다트염dartitis, 스누커(당구 경기의 일종)에서는 큐대염cuetitis, 사격에서는 움찔하기flinching, 양궁에서는 과녁 공황target panic으로 불린다.[2] 야구에서 입스 현상은 '스티브 블래스 병'으로도 흔히 소개되는데 여타 종목과 달리 사람 이름이 붙은 데는 안타까운 사연이 있다

스티브 블래스는 1971년 피츠버그 파이어리츠의 월드 시리즈 우승을 이끈 투수이다. 당시 1·2차전의 승리를 상대 팀에게 넘겨준 상황에서 3차전에 출전한 그는 9회 동안 1점만을 내주며 승리를 거둬 열세이던 흐름을 바꿨다. 닷새 뒤 마지막 7차전에 다시 등판한 그는 이번에도 1점만을 내주는 완투승을 거두며 소속 팀에게 월드 시리즈 트로피를 안겼다. 정교한 제구력이 주무기였던 그는 이듬해 19승을 올리며 선수 생활 중 가장 뛰어난 활약을 펼쳤고 내셔널리그 올스타 팀에 당당히 선정되었다.

다음 해 정규 시즌이 시작할 무렵 블래스는 스트라이크를 던지는 데 어려움을 겪기 시작했다. 코치진은 일시적인 슬럼프이고 투구 방식을 조금만 교정하면 금세 해결될 문제로 여겼다. 비록 그가 경기 중에는 어설프게 공을 던졌지만 연습 때는 마음먹은 대로 스트라이크를 꽂았기 때문이었다.

하지만 상황은 나아지지 않았다. 블래스는 결국 1973년 시즌을 평균 자책점 9.85라는 내셔널리그 최악의 성적으로 마무리했다. 그가 리그에서 1위를 기록한 것은 타자의 몸에 맞는 공(사구)이었다. 88.2이닝을 던지는 동안 무려 12개였으니 빼어난 제구

력을 자랑하던 이전의 그에게는 상상할 수 없는 모습이었다. 이듬해 마이너리그로 강등된 뒤에도 문제는 해결되지 않았다. 당시 한 스포츠 전문 잡지에서는 그의 불안한 투구 동작을 이렇게 묘사했다.

> 블래스가 두 손을 머리 위로 들자 갑자기 투수판(피칭 플레이트)을 짚은 오른발이 주체하지 못할 정도로 떨리기 시작한다. 멀리서 보면 다리가 꼭 불어터진 스파게티 면발처럼 보인다. 가까이에서 보니 다리가 도망치고 싶은 그의 마음을 보여 준다. 하지만 그는 가까스로 버티면서 오른발을 투수판에 고정시킨 채 공을 던진다.

스트라이크를 던지지 못하는 불안과의 싸움은 나날이 악화되었다. 언론이 추락하는 투수에게 관심을 기울일수록 관중들이 연봉 값어치는 하고 있냐며 비난할수록 블래스의 심적 고통은 심해졌다. 어느 날 연습 경기에서 타자 몇 명을 삼진 아웃시키는 경기력을 보여 준 뒤 그는 좋은 모습으로 야구 생활을 그만두기로 결심했다. 블래스의 야구 인생은 입스가 나타난 지 불과 2년 만에 그렇게 막을 내렸다.

메이저리그에서 입스로 고생한 선수는 스티브 블래스 외에도 많다. 나타나는 모습도 다양해서 이루수 척 노블락은 일루에 공을 제대로 던지지 못했고 포수 맥키 새서는 투수가 던진 공을 다시 투수에게 돌려주지 못했다. 국내 야구계도 예외는 아니다. 스트라이크를 던지지 못하던 투수 이왕기는 이재율로 개명까지 하며 노력했지만 반등에 실패했고, 맥키 새서와 비슷한 문제를 겪던 홍성흔은 포수를 포기하고 은퇴 전까지 지명 타자로만 나섰다.

스트라이크를 던지지 못하게 된 블래스는 갖은 노력을 하기 시작했다. 투구 방식과 자세를 바꿔 보고 야외에서 연습하거나 무릎을 꿇고 공을 던져 보기도 했다. 백방으로 수소문해 여러 상담가를 찾아다녔고 명상, 최면술 등 할 수 있는 여러 치료를 다 받아 봤다. 심지어는 사냥감을 놓칠 때마다 팬티가 너무 꽉 조인다는 연관성을 찾아냈다는 사냥꾼의 편지를 받고 넉넉한 속옷을 사려고 바로 뛰쳐나가기도 했다. 그러나 백약이 무효했다. 자신의 투구에 노력하고 신경을 쓸수록 공은 잘 던져지지 않았다.

열심히 했는데도 개선이 안 된 까닭은 무엇일까? 미국의 롭 그레이 교수가 대학교 야구 선수를 운동장이 아닌 가상 타격 연습장으로 불러 시행한 연구를 살펴보자.[3] 연구진은 모니터에서 가상의 야구공이 다가올 때 방망이를 휘두르는 참가자의 몸에 동작 추적 장치를 붙여 방망이와 참가자 팔다리의 움직임을 측정하도록 준비했다. 참가자는 압박을 받는 상황에 놓였는데 먼저 방망이를 휘두르는 동안 소리를 들려주고 고음인지 저음인지 파악하게 했다. 이어서 소리가 나올 때 방망이가 위쪽으로 움직이는지 아니면 아래쪽으로 움직이는지 살피도록 했다.

참가자가 소리의 높낮이를 평가하는 동안에는 방망이의 궤적과 타격 성적은 평소와 비슷했다. 수년 동안 무수히 방망이를 휘두르는 연습을 한 이들에게 외부적인 압박은 별다른 영향을 끼치지 않았다. 하지만 참가자가 자신의 움직임에 주의를 기울이자 타격 수행 능력이 현저하게 감소했다. 즉 외부가 아닌 내부에 신경 쓸 때 압박감에 목이 졸리는 듯한 질식 현상이 나타난 것이다.

운동선수의 전전두피질

이런 현상은 야구에만 국한되지 않는다. 미국의 사이언 베일럭 교수는 축구 선수에게 일렬로 놓인 원뿔 푯대 사이를 갈지자 형태로 드리블하게 하면서 유사한 연구를 시행했다.[4] 드리블하면서 연구진이 틀어 주는 소리가 들리는 순간 공을 발의 바깥쪽 혹은 안쪽 중 어디로 쳤는지 말하도록 했다. 그러자 특정 단어를 들려준 뒤 따라서 말하도록 했을 때에 비해 푯대 전체를 통과하는 시간이 더 오래 걸렸다. 평소 무의식적으로 하던 드리블에 의식적으로 집중하자 드리블을 잘 못하게 된 것이다.

운동선수가 기술을 처음 배울 때는 전전두피질이 많이 관여한다.[5] 기술에 필요한 동작을 천천히 짚어 가면서 습득해야 하기 때문이다. 하지만 반복해서 연습하다 보면 어느 순간 특별히 의식하지 못한 채 기술을 사용할 수 있게 된다. 기술과 관련된 지식이 의식에 남지 않고 운동 조절 능력을 관장하는 뇌의 무의식 영역(소뇌)으로 이동했기 때문이다. 기술 수행이 '집중'에서 '자동'의 단계로 넘어간 것이다.

그런데 압박을 받아 긴장되고 불안한 마음에 관심을 내면으로 돌리면 운동선수는 기술을 배우던 초보자로 다시 돌아간다. 자동적이고 무의식적으로 나타나야 할 기술을 의식적으로 조절하고 통제하려는 순간 무수한 반복을 통해 어렵게 얻은 기술은 한순간에 사라진다. 여러 작은 단계가 덩이지면서 완성된 숙련된 기술이 다시 각각의 작은 조각으로 나뉘고 개별적인 단계에 일일이 신경 쓰는 초보 시절로 돌아가는 것이다. 평소 의식 밖에서 이뤄지는 기술에 세세하게 관심을 가지면 질식 현상이 일어나기 쉽다.

스티브 블래스의 대처 방법이 딱 이러했다. 스트라이크를 던지지 못하는 문제를 분석하고 바로잡으려 노력할수록 블래스는 심리적으로 압박을 받고 불안했다. 야구계에서는 입스의 치명성이 널리 알려져 있기에 입스의 이응조차 입에 올리지 않는 대신 '존재' 혹은 '괴물'이라고 부르는 경향이 있다. 스티브 블래스의 경력을 끝장낸 괴물의 정체는 내면을 들여다보는 분석 행위가

운동 수행 능력을 마비시키는 질식 현상이었다.[6]

주변의 도움과 방어 기제

오쿠다 히데오의 소설《공중 그네》는 정신과 의사 이라부가 기상천외한 방법으로 환자를 치료하는 내용을 다룬다. 환자 중 프로 야구단의 베테랑 삼루수 스즈키의 고민은 일루에 공을 던지지 못하는 것이었다. 엉뚱한 이라부는 일방적으로 비타민 주사를 놓고 공놀이를 하자고 떼를 쓰면서 문제를 해결한다. 원인은 바로 새로 입단한 신인 선수에 대한 질투심 때문이었다. 스즈키는 자신의 두려움을 인식하면서 입스를 극복할 수 있게 된다.

실제 야구계에서는 어떨까? 일루 송구에 어려움을 겪다가 3년여 만에 극복한 이루수 스티브 삭스와 같은 사례도 있지만 대개 실패담이 더 많다. 피츠버그 파이어리츠에서 강정호 선수의 팀 동료였던 페드로 알바레즈는 삼루에서 잡은 공을 일루에 제대로 송구하지 못해 고전하다가 일루수로 보직을 바꿨다. 한때 촉망받는 투수였던 세인트루이스 카디널스의 릭 앤키엘도 폭투로 고생하다가 결국 투수에서 외야수로 전향했다.

입스라는 괴물과의 싸움은 대개 소수의 승리자와 다수의 패배자로 귀결되는데 앞서 소개한 존 레스터는 어느 쪽에 속할까? 결론부터 이야기하자면 그는 입스와의 싸움에서 승리를 거뒀을

뿐만 아니라 더 발전하기까지 했다. 물론 그 과정은 녹록하지 않았다. 처음 그가 취한 방법은 많은 선배들과 크게 다르지 않았다. 공을 던지는 속도와 자세를 가다듬고 번트로 굴러온 공을 잡아 일루수에게 던지거나 견제구를 던지는 연습을 반복적으로 시행했다.

흔히 '연습이 완벽함을 만든다'고 하지만 입스는 예외이다. 연습은 어디까지나 연습일 뿐이다. 아무리 실전처럼 꾸미더라도 연습 중 일루 쪽 송구를 제대로 못해 잃을 것은 특별히 없다. 그러나 실전은 다르다. 사소한 송구 실수가 경기의 승패를 좌우할 수 있다. 심리적 압박으로 생각이 많아지면 연습할 때 자연스럽게 던졌던 공도 뻣뻣하고 어색하게 던지게 된다.

2015년 소속 팀 감독 조 매던은 경기 중 굳이 일루에 공을 던지지 않아도 된다고 레스터에게 말했다. 연습의 효과가 신통치 않았기 때문이었다. 대신 다른 선수들이 그의 약점을 채워 나갔다. 전담 포수 데이비드 로스와 일루수 앤서니 리조는 일루 주자의 동태를 주고받기 위한 그들만의 정교한 수신호를 만들었다. 도루하려는 낌새가 있으면 로스는 레스터가 던지는 공을 옆으로 빼서(피치아웃) 이루로 공을 잽싸게 던졌고 일루 주자가 이루 쪽으로 보폭을 넓게 잡고 있을 때에는 직접 일루로 견제구를 던졌다. 또 수비가 뛰어난 일루수 리조는 레스터의 악송구를 어떻게든 잡아내려고 노력했다.

마음의 부담을 던 레스터는 타자와의 승부에 집중했고 이는 좋은 결과로 이어졌다. 2014년까지 메이저리그 9년간의 평균 자책점이 3.58, 9이닝당 출루시킨 타자의 수가 11.5였지만 2015년 이후 각각 2.95, 9.94로 성적이 호전되었다. 상대 팀의 발 빠른 주자들이 타자와의 승부를 방해하려 노력했지만 그는 당당히 이겨내며 2016년 내셔널리그 사이영 상 투표 2위에 오르기도 했다.

하지만 팀에서 부담을 지우지 않고 동료들이 도움을 줘도 레스터가 직접 공을 일루로 던져야만 하는 순간이 있다. 상대 타자가 번트를 대거나 빗맞은 공이 그의 앞으로 굴러올 때이다. 불가피한 상황을 극복하기 위해 그는 잡은 공을 한 번 땅에 튀겨서 일루수에게 던지는 연습을 했다. 혹 악송구가 나와도 추가 진루 같은 손실을 최소화하기 위해서였다. 조금 여유가 있으면 공을 들고 일루 쪽으로 달려가다가 안전하게 허리 아래서부터 위로 올리듯이(언더핸드) 공을 던졌다. 가끔 공이 글러브에 껴 공과 글러브를 함께 던지기도 했지만 '모로 가도 서울만 가면 된다'고 타자를 아웃시키는 데는 아무런 문제가 없었다.

레스터가 입스를 극복한 비결은 그의 유머에도 있다. 내가 만약 일루에 공을 던지지 못하는 야구 선수라고 해 보자. 얼마나 초조하고 불안하겠나. 흔히 이런 상황에서는 현실을 부인하거나 남 탓을 하기 쉽지만 레스터는 조금 달랐다. 그는 SNS에 웃음으로 자신의 약점과 불편한 상황을 승화시키기 시작했다. 정신의학에서 심리 불안이나 갈등이 있을 때 감정적 상처를 최소화하기 위해 비의식적으로 사용하는 심리 의식이나 행위를 방어 기제defense mechanism라 부른다. 유머는 억제·승화·이타주의와 함께 성숙한 방어 기제에 속한다. 레스터가 입스를 극복하는 것에만 몰두했다면 자학 개그를 선보일 심적 여유가 없었을 것이다. 대신에 마음속 괴물을 품에 안되 신경 쓰지 않는 '적과의 동침' 전략으로 스티브 블래스의 30년 전 전철을 밟지 않을 수 있었다. 그리고 2017년 6월, 장장 2년 만에 견제구로 일루 주자를 아웃시켰다. 얼마나 통쾌했을까!

거울-촉각 공감각

나는 당신의 고통을 느낀다

내게 부족한 공감

수련을 받던 시절, 한 전공의가 면담 중에 환자의 안타까운 사연을 듣다가 감정이 북받쳐 눈물을 흘린 일이 있었다. 이를 알게 된 선배 전공의들은 치료자의 중립성을 지키지 못했다며 눈가가 채 마르지도 않은 전공의를 매섭게 몰아붙였다. 정신분석에서는 환자의 원활한 자유 연상을 위해 치료자가 중립적이고 비간섭적인 태도를 취하는 것이 중요하기 때문이었다. 그러나 정신분석을 담당하던 교수님 한 분은 슬퍼하던 전공의가 아닌 비판하던 선배 전공의들에게 쓴소리를 던지셨다. "너희들 이 친구처럼 환자 때문에 울어 본 적 있어? 기계적인 중립 대신 마음을 나누는 공감이 더 중요할 수도 있어" 당시 병아리(1년 차) 전공의였던 내게 이 말은 큰 울림으로 다가왔다.

문제는 이후 면담 중에 아무리 노력을 해도 도통 눈물이 나지 않는다는 것이었다. 주변에 공감을 잘하는 사람들이 있으면 넌지시 그들의 언행을 관찰한 뒤 연습해 봐도 그때일 뿐 지속되지 않았다. 공감은 내게 '가까이하기에 너무 먼 당신'이었던 것이다. 한동안 '감정이 너무 메마른 나는 정신과 의사로서 자격 미달 아닐까?' 하는 자괴감마저 들었다. 정신의학에 대한 배움이 깊어지면서 점차 이 질문에서 자유로워졌지만 요즘도 나의 공감 부족에 대한 아쉬움을 종종 느낀다. 그런 내게 최근 선망의 대상으로 떠오른 것이 바로 '거울-촉각 공감각mirror-touch synesthesia'이다. 이런 공감각을 가진 사람들은 다른 사람의 고통을 자신의 고통처럼 느끼기 때문이다. 이들의 정체를 추적해 보면 혹 오래전 품었던 질문의 답을 얻을 수 있진 않을까?

거울 뉴런의 활성화

2003년 7월, 영국의 젊은 연구자 사라-제인 블레이크모어는 강의 중에 공감각을 언급하면서 한 일화를 소개했다.[1] 다른 사람의 몸에 누군가 손을 대는 것을 볼 때 자신의 몸에도 같은 느낌을 갖는 사람들이 있다는 내용이었다. 그러자 청중에서 한 여성이 질문을 던졌다. "다들 그렇지 않나요? 그러는 것이 지극히 정상 아닌가요?" 이 39세 여성은 그제서야 자신이 가지고 있는 감각이 흔하지 않다는 것을 깨닫게 되었다.

블레이크모어는 2년 뒤인 2005년, 이 여성 C와 일반인 12명의 뇌를 비교한 연구 결과를 발표했다.[2] 그는 앞에 있는 사람이 왼쪽 볼을 만질 때 마치 거울 속 자신을 보는 것처럼 그의 오른쪽 볼이 만져지는 것을 느꼈다. 반면 다른 사람이 자신의 옆에서서 오른쪽을 만질 때에는 그 역시 오른쪽에서 촉각을 느꼈다.

연구진은 사전에 섭외한 배우가 다른 배우의 얼굴과 목, 그리고 전등, 선풍기, 큰 스피커와 같은 사물을 만지는 장면을 촬영해 참가자들에게 보여 주면서 이들의 뇌 반응을 살폈다. 거울-촉각 공감각자인 C와 일반인의 뇌 반응을 비교한 결과 뇌의 몇몇 영역에서 차이가 나타났다. 배우가 사물을 만질 때보다 사람을 만지는 것을 볼 때 C의 뇌에서 이 부위들이 더 활성화하고 있었다.

차이가 발생한 이유는 무엇일까? 연구진은 '거울-뉴런mirror neuron'이란 신경 조직의 과도한 활성화를 원인으로 추정했다. 거울 뉴런은 직접 경험하지 않아도 마치 자신이 직접 경험하는 것처럼 반응하고 느끼게 하는 역할을 담당한다.[3] 예를 들어 앞서 걷던 사람이 헛디디면서 발목이 삐끗하는 것을 보면 뒤에 가던 우리도 순간 움찔하지 않던가? 촉각도 마찬가지인데 거울-촉각 공감각자의 뇌에서는 일반인보다 이런 반응이 훨씬 더 강하게 나타나는 것으로 해석된다.

보기만 해도 아프다

2년 뒤인 2007년, 이전 연구에 참여했던 영국의 제이미 워드 교수는 대학원생 마이클 배니시와 함께 더 많은 거울-촉각 공감각자 실험에 참여한 연구 결과를 발표했다.[4] 이 연구에서는 추가적으로 찾아낸 거울-촉각 공감각자들을 대상으로 새로운 식별 방법과 함께 이들의 공감 능력 여부가 다뤄졌다.

연구진은 거울-촉각 공감각자 10명과 일반인 20명의 볼을 가볍게 만지면서 어느 쪽에서 촉각을 느끼는지 맞히도록 했다. 동시에 이 과제를 수행하는 참가자들의 앞에는 배우의 볼이 만져지는 영상이 흘러나오도록 했다. 이렇게 되면 거울-촉각 공감각자에게는 실험 과제가 자신의 볼과 영상 속 배우의 볼이 만져지는 위치가 일치하거나 일치하지 않는 두 가지 조건으로 나뉘게 된다.

일반인의 경우, 화면 속 배우의 볼이 만져지는 것을 봐도(시각) 내 볼의 어느 쪽이 만져졌는지를 맞히는 것(촉각)이 어렵지 않다. 시각은 시각이고 촉각은 촉각이기 때문이다. 그러나 거울-촉각 공감각자의 경우는 조금 다르다. 시각과 촉각이 공유되기 때문이다. 예를 들어 실제로는 왼쪽 볼에 촉각이 느껴지더라도 화면 속 배우의 왼쪽 볼이 만져지는 것을 보면 거울 속 자신을 보는 것처럼 오른쪽 볼에도 촉각이 느껴지기 때문이다. 이렇게 되면 답을 맞히는 데 주저하게 되고 틀린 답을 제시할 가능성이 커지게 된다.

실험 결과, 거울-촉각 공감각자들은 일치 조건일 때에 비해 비일치 조건에서 답을 맞히는 시간(반응 시간)이 더 걸리고, 답을 맞히지 못하는 비율(오답율)이 높은 것으로 나타났다. 이는 거울-촉각 공감각자들에게는 시각 자극이 촉각까지 유발함을 보여 주는 것이다. 그래서일까? 이들은 일반인이나 거울-촉각 공감각이 아닌 다른 공감각을 지닌 사람들에 비해 정서적 공감 능력이 더 뛰어난 것으로 드러났다. 보는 것만으로도 다른 사람의 아픔을 직접 느낄 수 있으니 어찌 보면 너무나 당연한 결과였다.

환자의 통증을 느낀다면

얼마나 많은 사람들이 거울-촉각 공감각을 갖고 있을까? 영국의 대학생 567명을 대상으로 한 2007년 연구를 살펴보자.[5] "다른 사람의 몸에 가해지는 촉각을 당신의 몸에서도 느끼나요?"라는 질문에 처음에는 61명이 '그렇다'고 대답했다. 그러나 시각과 촉각을 동시에 자극하는 식별 방법을 적용해 보니 그 수는 9명으로 줄었다(혹시 일부 학생들은 나처럼 공감 부족을 느낀 나머지 자신의 바람을 담아 질문지에 답했던 것은 아니었을까?). 다시 말해 일반 인구에서 약 1.6퍼센트의 사람들이 거울-촉각 공감각을 지니는 것으로 볼 수 있다.

의사들의 수에 이를 대입시켜 보면 어떨까? 한국의 의사 면허 번호가 10만 번을 넘어선 지 오래되었기 때문에 대충 계산해 보면 약 2천 명 정도의 의사가 거울-촉각 공감각자일 수 있다. 하지만 내 인간관계의 폭이 넓지 못해서일까? 내 주변의 의사들은 내 질문에 다들 고개를 가로저으며 자신들은 해당 사항이 없다고 한다. 환자의 고통을 자신의 고통처럼 느끼는 의사는 정녕 존재하지 않는단 말인가?

미국의 매사추세츠 종합병원에 근무하며 자신의 거울-촉각 공감각을 소개하는 책을 펴낸 신경과 의사 조엘 살리나스가 이에 해당된다.[6] 그는 환자의 몸을 직접 살펴보는 진찰에 뛰어났다. 한 예로 몸 여기저기에 있는 양성 종양 탓에 자신의 통증을 제대로 느끼지도 표현하지도 못하던 환자를 만났을 때를 들 수 있다. 그가 검사용 망치로 환자의 왼쪽 무릎을 살짝 쳤는데 이미 위축된 환자의 다리에서는 반응이 거의 없었다. 나처럼 둔한 의사라면 '반응 없음'으로 기록을 남겼겠지만 살리나스는 그렇지 않았다. 그의 왼쪽 다리에서 미묘한 촉각이 느껴졌기 때문이다. 눈으로 환자를 관찰하는 시진視診이 두드려보는 타진打診을 보완한 셈이다.

살리나스의 공감각은 사람들의 통증뿐만 아니라 불편함도 느꼈다. 그는 증상이 좀처럼 낫지 않아 속상해하는 환자의 우울함과 뇌의 오작동으로 흥분 상태에 빠진 환자의 분노를 자신의 감정처럼 느낄 수 있다. 심지어 환자가 사망할 때 그 역시 자신의 몸이 마치 바람 빠진 풍선처럼 텅 비는 듯한 느낌을 갖곤 했다. 살리나스의 공감각은 경미한 시각 자극에도 뇌의 거울 뉴런이 민감하게 반응하기 때문으로 추정된다.[7] 이렇게 거울-촉각 공감각을 설명하는 입장은 흔히 '역치 이론threshold theory'으로 불린다. 살리나스가 환자의 아픔을 자신의 아픔처럼 느끼는 것은 그가 거울-촉감 공감각자이기 때문에 당연하게 보인다. 하지만 환자의 감정까지 공유하는 것은 무엇 때문일까? 배니시 교수의 2011년 논문에서 실마리를 찾아보자.[8] 연구진은 8명의 거울-촉각 공감각자와 20명의 일반인을 대상으로 얼굴 표정 인식과 안면 지각에 관한 과제를 풀도록 한 뒤 그 결과를 비교해 봤다.

연구 결과를 보면 거울-촉각 공감자는 일반인에 비해 크게 웃기·찡그리기·노려보기·감동하기와 같은 얼굴 표정을 더 잘 인식하는 것으로 드러났다. 이는 거울-촉각 공감각자가 얼굴 표정이란 맥락을 통해 다른 사람의 감정을 잘 읽는 것으로 추론할 수 있다. 그러나 사진 속 얼굴이 누구인지를 맞히는 과제 수행에서는 두 집단 간에 차이가 존재하지 않았다. 정리해 보면 거울-촉각 공감각자는 처음 만난 자리에서도 당신의 얼굴 표정을 읽으며 놀랄 만큼 공감을 잘할 것이다. 하지만 다음번 만남에서는 당신을 아마 기억하지 못할 수도 있으니 너무 상처받진 말라.

얼굴 표정을 잘 읽는 것 역시 살리나스의 병원 생활에 큰 도움이 되었다. 한 예로 그가 회진을 도는 장면을 살펴보자. 보호자에게 치매 환자의 경과를 설명한 뒤에 방을 떠나려 할 때 그는 보호자의 얼굴에서 입꼬리가 살짝 팽팽해지는 것을 감지했다. 그는 불만족스러운 감정을 느꼈고 자신의 기분이 호전될 때까지 추가적으로 보호자와 대화를 이어 나갔다. 모든 설명이 끝났을 때 보호자의 입꼬리는 부드러워졌고 살리나스 역시 안도할 수 있었다.

병원에서 정신과 의사인 나의 주된 일은 환자와 이야기를 나누는 것이다. 하지만 대화에서 말로 표현되는 부분은 채 반도 되지 않는다. 소통의 60~65퍼센트는 비언어적인 방법으로 이뤄지기 때문이다.[9] 그중 상당수는 환자의 얼굴에 드러나는 표정이다. 만약 내게 살리나스처럼 거울-촉각 공감각이 있다면 환자 표정의 미세한 차이를 읽고 정서적 고통을 조금이나마 더 깊고 폭넓게 이해할 수 있지 않을까?

피아를 구분하는 뇌

모든 특별한 능력은 사실 동전의 양면과 같다. 거울-촉각 공감각 역시 마찬가지이다. 이번에는 영국 리버풀에서 살고 있는 피오나 토랜스를 만나 보자. 그는 여러 공감각을 갖고 있는데 특히 거울-촉각 공감각이 매우 강력해서 사람뿐만 아니라 곤충, 동물 심지어 조각상 같은 무생물과도 감각을 공유할 수 있다고 한다. 이를 바탕으로 다른 사람들의 아픔을 자신의 것처럼 느끼며 사려 깊은 모습을 보이는 토랜스는 인기가 많다. 하지만 사실 그의 삶은 지난함의 연속이었다. 토랜스가 어릴 적 처음 거울-촉각 공감각을 느꼈던 것은 여섯 살 때 정원에서 때까치가 쥐를 잡아 울타리의 철조망에 매다는 것을 봤을 때였다. 그는 자신이 마치 무엇인가에 걸려 있는 것처럼 목과 허리에서 강하게 당겨지는 느낌을 받았다. 울면서 엄마에게 달려가 방금 경험한 것을 이야기했지만 엄마로부터 돌아온 답은 "네가 너무 예민한 거야"였다.

청소년기에 토랜스는 사람들과 동떨어져 외롭고 쓸쓸한 시간을 보냈다. 만나는 사람들의 통증이나 우울한 감정을 매번 경험하는 것이 너무 힘들기 때문이었다. 스무 살에 처음 만난 남자와 결혼도 했지만 이번에는 남편과의 성생활이 문제였다. 관계가 끝난 뒤에도 불규칙적으로 당시의 느낌에 사로잡히는 불편을 겪은 것이다. 그가 만난 많은 사람들처럼 남편 역시 토랜스가 너무 예민하다고 여겼고 결혼 생활은 2년 만에 끝이 났다.

또한 토랜스는 늘 저체중과 씨름했다. 다른 사람들이 먹는 것을 보면 그 역시 음식을 입안에서 느끼고 맛을 음미할 수 있기 때문이었다. 자신이 먹은 것처럼 늘 포만감을 느껴 먹는 것 자체가 그에게는 고역이었다. 그의 거울-촉각 공감각을 가장 잘 보여 주는 예는 차 안에서 다른 사람들이 싸우는 장면을 보다가 한 사람이 주먹 한 방을 맞는 것을 본 뒤 의식을 잃은 채 발견된 일이었다. 그는 싸움 도중 회심의 일격을 맞은 것이 자신인지 다른 사람인지를 구분하지 못했던 것이다.

토랜스가 겪었던 어려움을 살펴보면 피아 식별, 즉 타인과 자신을 구분해 인식하지 못했음을 알 수 있다. 이런 관점에서 거울-촉각 공감각을 설명하는 것은 '피아 이론self-other theory'으로 불리는데 뇌 영상 연구에서도 이를 확인할 수 있다. 일반인에 비해 거울-촉각 공감각자의 뇌에서 우측 측두두정엽 경계 영역과 내측 전전두피질의 회색질이 감소한 것으로 드러났다.[10] 이 두 영역은 뇌에서 다른 사람과 자신을 구분하는 데 중요한 역할을 담당한다.[11] 예를 들면 다른 사람의 관점을 이해하기 위해서는 마음속에서 자신이 억제되고 타인이 부각되어야 한다. 반면에 다른 사람을 따라하지 않기 위해서는 반대로 타인이 억제되고 자신이 부각되어야 한다. 신경과학적으로는 거울-촉각 공감각자가 자신과 타인의 표상表象을 적절하게 나누지 못하면서 다른 사람이 경험한 것을 다시 경험하는 것으로 해석된다.

타인과 자신의 경계가 모호해진 거울-촉각 공감각자의 피곤한 삶의 무게를 덜어 줄 방법은 없을까? 토랜스는 약물을 복용해 예민함을 줄이는 방법을 취하면서 자신의 삶에 만족하게 되었다. 앞서 살폈던 살리나스의 경우에는 주변에서 자극이 많아질 때 가장 차분한 사람이나 사물에 주의를 돌리는 방법을 터득했다. 그래서 아파하는 환자, 공포에 찬 보호자, 분주한 치료진으로 가득 찬 응급실에서도 진료를 잘 수행할 수 있게 되었다.

관계를 위한 노력

정신과 의사인 나는 늘 환자를 공감하려 한다. 비록 거울-촉각 공감각도 없고 공감 능력도 평균 이하지만 최대한 애쓴다. 하지만 노력과 무관하게 환자가 나와 마음을 전혀 나누지 못할 때가 있다. 보통 입원한 지 얼마 안 된 환자가 '이상이 없는데 왜 입원시켰느냐' 하고 물을 때와 '다 나았으니 이제 퇴원시켜라' 하고 요청할 때이다. 특히 알코올 사용 장애 환자가 그렇다. 취한 채 병원에 왔기에 입원 과정을 제대로 숙지하지 못했고 병에 대한 인식이 부족하기에 막연한 자신감만으로 금주 의사를 피력하기 때문이다. 결국 공감에 실패하면 발걸음을 옮기면서 나지막이 읊조린다. '이건 조엘 살리나스도 피오나 토랜스도 못할 거야.'

병아리 의사 시절에는 이런 상황이 몹시 힘들었다. 내가 이렇게 노력하는데 왜 환자는 공감도 하지 않고 변하지 않을까 자문하며 패배감에 휩싸이곤 했다. 하지만 수련 과정을 통해 환자가 아닌 나를 바라보게 되면서 조금씩 나아지기 시작했다. 환자를 위해 무엇인가를 해야 한다는 부담감이나 기대만큼 환자의 증상이 좋아지지 않을 때의 조바심은 사실 공감empathy과 영어 철자가 비슷한 동정sympathy이었다. 나의 경우에는 역지사지를 의미하는 영어 숙어 'putting yourself in a person's shoes'를 의식하면서, 즉 환자의 신발에 발을 넣기 시작하자 환자가 호전되기 시작했다.

요즘은 공감을 위해 굳이 애쓰지 않는다. 정확히 말하면 환자와 관계를 맺기 위해 노력한다. 그 시작은 내 입장에서 환자를 바라보는 것이 아니라 환자의 입장이 되어 보는 것이다. 물론 거울-촉각 공감각자처럼 환자의 몸과 마음의 아픔을 똑같이 느낄 수는 없다. 하지만 단순히 내 입장에서 환자를 측은히 여기는 것이 아니라 환자의 관점을 수용하고 환자의 마음이 어떤지 상상하는 노력을 통해 본격적인 관계가 시작된다. 이처럼 마음이 온전하게 이어진 뒤에야 변화를 위한 치료 작업이 가능해진다.

가만 생각해 보면 의사-환자 관계만 그런 것은 아니다. 일상에서의 만남도 비슷하다. 혹시 관계도 생성되지 않은 상태에서 어쭙잖은 지식으로 설익은 위로를 건넸던 적은 없었나? 상대의 입장은 개의치 않고 직면이라는 미명 아래 '팩트 폭력'을 가하지는 않았던가? 다시 한번 되뇌이자. 공감은 관계에서 시작한다.

에필로그

비도덕적 사회와 아픈 마음

정신과 전공의 시절 근무를 마치면 근처 공원에서 산책을 하곤 했다. 하루는 중년의 여성 세 명이 도란도란 담소를 나누며 맞은 편에서 다가왔다. 그중 한 명의 낯이 익었다. 얼마 전에 퇴원한 환자였다. 증상이 심해 한동안 애를 먹었지만 호전되어서 퇴원한 분이라 반가웠다. 환자 일행과 점점 가까워지자 나는 자연스럽게 인사를 건넬 준비를 했다. 하지만 나를 알아 본듯한 환자는 고개를 돌리고 눈을 마주치지 않은 채 내 옆을 스쳐 지나갔다. '내가 얼마나 정성껏 돌봐 드렸는데, 아는 체도 안 할까?' 서운한 감정이 훅 끼쳐 왔다.

얼마 뒤 나를 본체만체 지나친 환자를 병원에서 만났다. 꽁

한 마음에 이번에는 내가 그냥 지나치려고 했는데 환자가 내 이름을 부르며 인사를 했다. 어색하게 답례를 하는데 환자가 공원에서 만났을 때 모른 척해 미안했다며 사과를 했다. 인사를 건네면 친구들이 내 정체를 궁금해할 것 같아 피했다며 말을 이어 나갔다. "병원 도움을 정말 많이 받았는데 정작 나가서는 사람들이 이상하게 볼까 봐 정신과에서 치료받았다는 이야기를 못 해요."

이 일이 있은 뒤, 요즘은 병원 밖에서 만난 환자들이 아는 척을 하지 않아도 전혀 서운하지 않다. 혹시라도 동네 사람을 마주칠까 봐 전전긍긍하며 굳이 집에서 멀리 떨어진 병원을 찾아가는 환자들의 고충을 알게 되었다. 마음이 아파 병원에서 도움을 받았다는 이유만으로 색안경을 끼는 주변의 시선을 감당하기란 쉽지 않다. 과거보다 많이 나아지긴 했지만 여전히 정신질환에 대한 오해와 편견이 사회에 똬리를 틀고 있고 불쑥불쑥 차별과 혐오라는 독니로 환자들을 공격하고 있다.

조금 더 시야를 넓혀 보면 오해·편견·차별·혐오의 문제가 정신질환에만 국한되지 않는 것을 쉽게 알 수 있다. 현재 우리 사회는 성별·인종·세대·지역·빈부·계층·이념 등에 따라 서로가 서로를 나누고 비난하며 갈등하고 있다. 그중 성별과 인종 혐오에 대한 사회적 경향과 정신질환을 연관 지어서 살펴보자.

성차별은 한국 사회에서 가장 만연한 차별이다. 점점 나아지고 있지만 남성성과 여성성에 대한 전형이 존재한다. 좋아하는 학문 분야에서도 마찬가지다. 여전히 남자는 수학·과학을 잘하고 여자는 문학·예술을 잘한다는 인식이 남아 있다. 수학은 입시에서 당락을 결정하는 과목인데 대개 고등학교 남학생은 이과를, 여학생은 문과를 많이 선택한다. 수학과 관련된 상황에서 불안을 느끼는 부분을 교육 심리학에서 '수학 불안'이라 부른다. 관련 연구들을 살펴보면 여성이 남성보다 수학 불안이 높거나 비슷하다는 연구는 많지만 남성이 더 높다고 보고하는 연구는 확연히 적다. 하지만 이런 현상과 보고서로 남성에 비해 수학 불안이 높은 여성은 정말 수학을 못한다고 결론 내릴 수 있을까? 국제 학업 성취도 평가 자료 속 40개국 27만 6165명의 15세 학생들의 수학과 읽기 시험 결과와 〈세계 성 격차 보고서〉의 성 격차를 이용해 각 국가의 성 평등 수준을 비교한 연구를 보면 여학생의 평균 수학 점수는 남학생에 비해 10.5점이 낮았지만 남녀가 평등한 국가일수록 차이는 감소했다.[1] 같은 유럽권 국가인데도 이슬람 문화권인 터키에서는 여학생의 점수가 남학생보다 22.6점 낮았다.

반대로 여학생의 점수가 높은 곳도 있었다. 남녀 평등 수준이 높은 아이슬란드에서는 여학생의 점수가 남학생에 비해 14.5점이나 높았다. 유전자에 따른 생물학적인 차이가 아니라 고정관념에 따른 문화적 차이가 여학생의 수학 성적에 영향을 주는 것이라 해석할 수 있다. 동일한 문제라도 '수학 시험'이라고 하면 여성은 수학을 못한다는 사회적 편견 때문에 수학 불안이 커지면서 수학 점수가 떨어지지만 '문제 해결 시험'이라고 하면 남녀 차이에는 점수 차이가 발생하지 않았다. '여성은 수학을 못한다'라는 사회의 편견을 받아들이는 순간 실제 수학을 못하게 되어 버리는 것이다.

사회적 편견은 잘못된 고정관념을 만든다. 그리고 잘못된 고정관념은 자신뿐만 아니라 다음 세대에도 영향을 미친다. 따라서 사회의 편견을 별다른 고민 없이 받아들이지 않도록 주의하고 노력해야 한다. 미국의 한 연구에서는 수학 불안이 높은 여교사에게 1년간 배운 1~2학년 여자 초등학생의 수학 성취도가 낮아졌다는 결과가 나왔다.[2]

이번에는 인종 문제를 살펴보자. "까만 ○○가 한국에서 뭐하는 거냐. 너네 나라로 돌아가라" 가나 출신의 방송인 샘 오취리는 2017년 한 방송 프로그램에서 대학생 시절 지하철에서 마주친 중년 여성에게 들었던 폭언을 소개했다. 늘 밝은 모습으로 한국에 대한 애정을 표현하는 그의 고백은 매우 씁쓸했다. 명백한 인종 차별인데도 가만히 보고 있던 승객들을 보며 '한국인들은 원래 이런가' 생각했다는 그의 아픈 기억은 우리 사회의 씁쓸한 자화상이다.

물론 요즘은 공식 석상에서는 인종주의를 표방하거나 1980년대 개그 듀오 '시커먼스'처럼 특정 인종을 희화화하는 시대는 아니다. 그러나 사적인 자리나 익명성이 보장되는 인터넷에서 인종주의와 마주하게 된다. 많은 사람들이 스스로 인종 차별자가 아니라고 호기롭게 말하지만 다른 인종과 실제로 부딪히는 상황에서는 스스로 인종주의에 자유롭지 못함을 새삼 깨닫는다. 이런 경향은 특히 인종에 따라 큰 차이를 보이는데 대개 선진국 백인에 대해서는 호감을 보이고 동남아시아인은 무시하며 흑인에게는 접근 자체를 꺼린다. 혼혈도 마찬가지여서 백인 혼혈은 예능에 나오는데 동양인, 흑인 혼혈은 다큐멘터리에 나온다는 농담 아닌 농담까지 나온다.

다른 인종에 대해 우리의 머리와 가슴이 다르게 반응하는 것을 심리학 용어로는 명시적明示的 태도와 암묵적暗默的 태도라 한다. 명시적 태도란 개인이 의식적으로 쉽게 외부로 드러내는 태도로서 직접적으로 표현되거나 질문에 공개적으로 답하는 방식으로 나타난다. 반면 암묵적 태도란 개인이 의식하지 못하는 자동적인 태도로서 쉽게 드러나지 않고 심지어 의식적으로 통제하기 어려운 특징을 갖는다.

인종에 대한 상반된 태도는 인종 차별 연구도 어렵게 만든다. 연구 참가자가 질문지에 답변을 하던 중 불현듯 자신이 인종주의자로 비춰지는 것을 두려워해 방어적으로 응답하기 때문이다. 명시적 태도에 바탕을 둔 연구 결과는 현실을 제대로 반영하기 어렵다. 그래서 최근 연구에서는 암묵적 연합 검사implicit association test와 같은 방법을 이용해 무의식적이고 통제하기 어려운 암묵적 태도를 측정하거나 다른 인종을 볼 때의 뇌 반응을 살핀다.

예를 들면 인종주의자가 다른 인종을 보면 평소의 편견으로 인해 불안과 공포를 느끼는데 이때 감정의 중추인 편도체의 활동이 증가한다.[3] 이때 활성화의 정도는 암묵적 연합 검사를 통해 다른 인종에 대한 무의식적 평가와 연관성을 띤다. 의식 밑에서 솟아오른 편향된 시각은 편견을 갖지 말아야 한다는 의식적인 노력과 충돌한다. 갈등이 감지되면 인지적 기능을 담당하는 배외측 전전두피질이 부정적 감정을 통제하기 위해 활성화하면서 편도체를 조절한다.[4] 정리하면 다른 인종을 볼 때 자동적으로 발생한 감정 반응과 이보다 상위에 있는 이성적 조절 사이의 줄다리기가 인종주의 정도를 결정한다고 할 수 있다.

따라서 개개인의 이성적 조절 능력을 증가시키는 것이 인종주의를 막는 해답일 수 있다. 하지만 개인적 노력만으로는 부족할 수 있다. 신학자 라인홀드 니버가 그의 저서 《도덕적 인간과 비도덕적 사회》에서 주장했듯이 개인의 윤리 의식을 고양할지라도 이것이 꼭 집단의 도덕성으로 발휘되지 않기 때문이다. 인종주의 역시 개인 차원의 노력뿐 아니라 사회의 노력도 필요함을 시사하는 부분이다.

한 연구에 따르면 다른 인종을 볼 때 편도체가 활성화하는 양상은 대개 14세 이후로 본격적으로 나타난다.[5] 어린이도 성장하면서 사회적 관습을 내면화하는 중에 편견을 체득함에 따라 편도체의 반응도 점차 바뀌는 것이다. 우리 사회는 어떤가? 아직 '흑형'이란 단어를 거리낌 없이 사용하고 "고객님, 당황하셨어요?" 하며 재중 동포들의 말투를 희화시키고 각종 산업에 종사하는 외국인 노동자를 '외노자' 혹은 '외노'로 부르며 비하하는 것이 현실이다. 별다른 고민 없이 습관적으로 자행되는 인종 차별적 표현에 대한 경계와 교육이 꼭 필요한 부분이다.

과거보다 많이 나아지긴 했지만 여전히 정신질환은 부정적으로 묘사될 때가 많다. 일단 정신질환을 앓는 사람을 뜻하는 '정신병자'란 단어 자체가 매우 모욕적인 표현으로 사용된다. 편견을 유발하기에 조현병으로 병명을 바꿨는데도 여전히 미디어에는 '정신분열'이란 표현이 심심치 않게 등장하고 정신과 병원은 '언덕 위의 하얀 집'으로 묘사되며 음침하고 무서운 곳으로 그려진다. 정신질환에 대한 편견이란 공기를 오랫동안 마시면 맑은 공기로 숨 쉬는 것이 어색할 수밖에 없다. 다른 질환과 마찬가지로 현대 의학의 틀 안에서 미리 오해하거나 백안시해서는 안 된다. 환자에 대한 차별과 혐오는 은연중에 병원 방문을 지연시켜 질환을 악화시킬 수 있으므로 늘 주의해야 한다.

2017년 조사에 따르면 한국 사회에서 다섯 명 중 네 명은 '누구나 정신질환에 걸릴 수 있다'고 응답했다. 하지만 세 명 이상은 '정신질환이 있는 사람이 위험하다'고 생각하며 한 명은 '정신질환자 이용 시설이 우리 동네에 들어와도 받아들일 수 있다'라는 질문에 반대했다. 물론 인간은 사회적 동물이기 때문에 사회의 고정관념에서 자유롭기가 쉽지 않다. 하지만 정신질환에 대한 편견은 정신질환 전반에 대한 차별과 혐오까지 유발할 수 있다. 하지만 스스로 돌아보고 조심하는 개인적 노력만으로는 편견을 극복하기 어렵다. 꼭 사회적인 노력이 같이 있어야 한다.

인위적으로 정신질환자가 일반인과 어울리고 교제하는 기회를 늘릴 필요도 있다. 하지만 그저 물리적으로 같은 공간에 지내면서 접촉을 늘리는 것만으로는 부족하다. 이미 많은 연구에서 입증된 것처럼 같은 목표를 갖고 이를 이루기 위해 서로 협력하며 상대를 동등하게 대하고 긍정적인 관계를 맺는, 실질적인 교류가 있어야 한다.[6] 한국 사회의 정신질환에 대한 정책은 사실상 격리에 가깝다. 세 시간 대기, 3분 진료의 시대, 의사와 환자를 위한 세세한 상식과 태도도 중요하지만 앞서 프롤로그에서 언급한 회복 탄력성, 즉 든든한 사회적 배경을 구성해야 한다. 서로가 서로의 버팀목이 되는 것이 우선이다. 질환의 유무에 관계없이 모든 사람이 같이 어울릴 수 있는 사회가 곧 서로의 회복 탄력성이기 때문이다.

주

프롤로그

1. Jung, Y.E. and J.H. Chae, A Review of Resilience Assessment Tools. J Korean Neuropsychiatr Assoc, 2010. 49(1): p. 50-7.
2. Reivich, K. and A. Shatte, The Resilience Factor: Seven Essential Skills For Overcoming Life's Inevitable Obstacles. 2003: Crown Publishing Group.
3. Werner, E.E., Vulnerable but invincible: high-risk children from birth to adulthood. Acta Paediatr Suppl, 1997. 422: p. 103-5.
4. Lee, K.A., et al., A 50-year prospective study of the psychological sequelae of World War II combat. Am J Psychiatry, 1995. 152(4): p. 516-22.
5. Waytz, A., J. Dungan, and L. Young, The whistleblower's dilemma and the fairness - loyalty tradeoff. J Exp Soc Psychol, 2013. 49(6): p. 1027-33.

따돌림 자살

1. Eisenberger, N.I., M.D. Lieberman, and K.D. Williams, Does rejection hurt? An FMRI study of social exclusion. Science, 2003. 302(5643): p. 290-2.
2. Dewall, C.N., et al., Acetaminophen reduces social pain: behavioral and neural evidence. Psychol Sci, 2010. 21(7): p. 931-7.
3. Waytz, A., J. Dungan, and L. Young, The whistleblower's dilemma and the fairness? loyalty tradeoff. J Exp Soc Psychol, 2013. 49(6): p. 1027-33.
4. 박홍식, 이지문, and 이재일, 내부고발자 그 의로운 도전, 2014: 한울아카데미.
5. Eisenberger, N.I., M.D. Lieberman, and K.D. Williams, Does rejection hurt? An FMRI study of social exclusion. Science, 2003. 302(5643): p. 290-2.
6. Dewall, C.N., et al., Acetaminophen reduces social pain: behavioral and neural

evidence. Psychol Sci, 2010. 21(7): p. 931-7.
7. Stahl, S.M., Stahl's Essential Psychopharmacology: Neuroscientific Basis and Practical Applications. 2008: Cambridge University Press.
8. Vaillancourt, T., et al., Variation in hypothalamic-pituitary-adrenal axis activity among bullied and non-bullied children. Aggress Behav, 2008. 34(3): p. 294-305.

사회 불안 장애

1. Hollander, E. and N. Bakalar, Coping with Social Anxiety: The Definitive Guide to Effective Treatment Options. 2005: Henry Holt and Company.
2. Phan, K.L., et al., Association between amygdala hyperactivity to harsh faces and severity of social anxiety in generalized social phobia. Biol Psychiatry, 2006. 59(5): p. 424-9.
3. Stossel, S., My Age of Anxiety: Fear, Hope, Dread, and the Search for Peace of Mind (한국어판《나는 불안과 함께 살아간다》). 2014: Knopf Doubleday Publishing Group
4. Cisler, J.M. and E.H. Koster, Mechanisms of attentional biases towards threat in anxiety disorders: An integrative review. Clin Psychol Rev, 2010. 30(2): p. 203-16.
5. Sadock, B.J., V.A. Sadock, and P. Ruiz, Kaplan & Sadock's Synopsis of Psychiatry: Behavioral Sciences/Clinical Psychiatry. 2014: Lippincott Williams & Wilkins.
6. Blanco, C., et al., Pharmacological treatment of social anxiety disorder: a meta-analysis. Depress Anxiety, 2003. 18(1): p. 29-40.
7. Doehrmann, O., et al., Predicting treatment response in social anxiety disorder from functional magnetic resonance imaging. JAMA Psychiatry, 2013. 70(1): p. 87-97.
8. 오강섭 and 임세원, 사회공포증의 아형 분류와 가해형 사회공포증의 임상적 의의. J Korean Neuropsychiatr Assoc, 2008. 47(3): p. 225-9.
9. Liebowitz, M.R., et al., Social phobia. Review of a neglected anxiety disorder. Arch Gen Psychiatry, 1985. 42(7): p. 729-36.

거식증과 폭식증

1. Greer, S.M., A.N. Goldstein, and M.P. Walker, The impact of sleep deprivation on food desire in the human brain. Nat Commun, 2013. 4: p. 2259.
2. Stice, E., et al., Weight gain is associated with reduced striatal response to palatable

food. J Neurosci, 2010. 30(39): p. 13105-9.
3. Kakizaki, M., et al., Personality and body mass index: a cross-sectional analysis from the Miyagi Cohort Study. J Psychosom Res, 2008. 64(1): p. 71-80.
4. Terracciano, A., et al., Facets of personality linked to underweight and overweight. Psychosom Med, 2009. 71(6): p. 682-9.
   Chapman, B.P., et al., Can the influence of childhood socioeconomic status on men's and women's adult body mass be explained by adult socioeconomic status or personality? Findings from a national sample. Health Psychol, 2009. 28(4): p. 419-27.
5. Sutin, A.R., et al., Personality and obesity across the adult life span. J Pers Soc Psychol, 2011. 101(3): p. 579-92.
6. Ritchie, S.J. and T.C. Bates, Enduring links from childhood mathematics and reading achievement to adult socioeconomic status. Psychol Sci, 2013. 24(7): p. 1301-8.
7. Gable, S., J.L. Krull, and Y. Chang, Boys' and girls' weight status and math performance from kindergarten entry through fifth grade: a mediated analysis. Child Dev, 2012. 83(5): p. 1822-39.
8. 한국교육개발원, 학교 교육 실태 및 수준 분석(III) : 초등학교 연구. 경성문화사, 2011.
9. Singh-Manoux, A., et al., Obesity phenotypes in midlife and cognition in early old age: the Whitehall II cohort study. Neurology, 2012. 79(8): p. 755-62.
10. http://www.salon.com/2006/01/24/jeffries/

수집광

1. Samuels, J.F., et al., Prevalence and correlates of hoarding behavior in a community-based sample. Behav Res Ther, 2008. 46(7): p. 836-44.
2. Tolin, D.F., et al., Course of compulsive hoarding and its relationship to life events. Depress Anxiety, 2010. 27(9): p. 829-38.
3. Frost, R.O., G. Steketee, and D.F. Tolin, Comorbidity in hoarding disorder. Depress Anxiety, 2011. 28(10): p. 876-84.
4. An, S.K., et al., To discard or not to discard: the neural basis of hoarding symptoms in obsessive-compulsive disorder. Mol Psychiatry, 2009. 14(3): p. 318-31.
5. Tolin, D.F., et al., Neural mechanisms of cognitive behavioral therapy response in Hoarding Disorder: A pilot study. Journal of Obsessive-Compulsive and Related

Disorders, 2012. 1(3): p. 180-8.

쇼핑 중독증

1. Atalay, A.S. and M.G. Meloy, Retail therapy: A strategic effort to improve mood. Psychology and Marketing, 2011. 28(6): p. 638-659.
2. Rick, S.I., B. Pereira, and K.A. Burson, The benefits of retail therapy: Making purchase decisions reduces residual sadness. Journal of Consumer Psychology, 2014. 24(3): p. 373-380.
3. Smith, C.A. and P.C. Ellsworth, Patterns of cognitive appraisal in emotion. J Pers Soc Psychol, 1985. 48(4): p. 813-38.
4. Andreassen, C.S., et al., The Bergen Shopping Addiction Scale: reliability and validity of a brief screening test. Front Psychol, 2015. 6: p. 1374.
5. (위와 같음)
6. Piquet-Pessoa, M., et al., DSM-5 and the Decision Not to Include Sex, Shopping or Stealing as Addictions. Current Addiction Reports, 2014. 1(3): p. 172-176.
7. Raab, G., et al., A Neurological Study of Compulsive Buying Behaviour. Journal of Consumer Policy, 2011. 34(4): p. 401.
8. Grant, J.E. and S.R. Chamberlain, Pharmacotherapy for Behavioral Addictions. Curr Behav Neurosci Rep, 2016. 3: p. 67-72.

신체 이형 장애

1. http://www.economist.com/blogs/graphicdetail/2013/01/daily-chart-22.
2. http://www.isaps.org/press-center/isaps-global-statistics.
3. 류인균, 여대생의 다이어트·미용성형 시술 실태 및 건강에 미치는 영향, 보건복지부 2003.
4. von Soest, T., I.L. Kvalem, and L. Wichstrom, Predictors of cosmetic surgery and its effects on psychological factors and mental health: a population-based follow-up study among Norwegian females. Psychol Med, 2012. 42(3): p. 617-26.
5. Margraf, J., A.H. Meyer, and K.L. Lavallee, Well-being from the Knife? : Psychological Effects of Aesthetic Surgery. Clinical Psychological Science, 2013. 1(3): p. 239-252.

6. Phillips, K.A. and S.F. Diaz, Gender differences in body dysmorphic disorder. J Nerv Ment Dis, 1997. 185(9): p. 570-7.
7. Feusner, J.D., et al., Abnormalities of visual processing and frontostriatal systems in body dysmorphic disorder. Arch Gen Psychiatry, 2010. 67(2): p. 197-205.

안면실인증

1. http://www.esquire.com/features/brad-pitt-cover-interview-0613
2. http://www.radiolab.org/story/91967-strangers-in-the-mirror/
3 Busigny, T., et al., Holistic perception of the individual face is specific and necessary: evidence from an extensive case study of acquired prosopagnosia. Neuropsychologia, 2010. 48(14): p. 4057-92.
4. Ishai, A., C.F. Schmidt, and P. Boesiger, Face perception is mediated by a distributed cortical network. Brain Res Bull, 2005. 67(1-2): p. 87-93.
5. Arnon, S.S., et al., Botulinum toxin as a biological weapon: medical and public health management. JAMA, 2001. 285(8): p. 1059-70.
6. Yi, H., et al., A Familial Outbreak of Food-borne Botulism. J Korean Neurol Assoc 2004. 22(6): p. 670-2.
7. Scott, A.B., A. Rosenbaum, and C.C. Collins, Pharmacologic weakening of extraocular muscles. Invest Ophthalmol, 1973. 12(12): p. 924-7.
8. Carruthers, J.D. and J.A. Carruthers, Treatment of glabellar frown lines with C. botulinum-A exotoxin. J Dermatol Surg Oncol, 1992. 18(1): p. 17-21.
9. Havas, D.A., et al., Cosmetic use of botulinum toxin-a affects processing of emotional language. Psychol Sci, 2010. 21(7): p. 895-900.
10. Neal, D.T. and T.L. Chartrand, Embodied emotion perception: Amplifying and dampening facial feedback modulates emotion perception accuracy. Soc Psychol Personal Sci., 2011. 2(6): p. 673-8.
11. Finzi, E. and E. Wasserman, Treatment of depression with botulinum toxin A: a case series. Dermatol Surg, 2006. 32(5): p. 645-9; discussion 649-50.

주요 우울 장애

1. Green, S., et al., Guilt-selective functional disconnection of anterior temporal and

subgenual cortices in major depressive disorder. Arch Gen Psychiatry, 2012. 69(10): p. 1014-21.

2. Yi, H., et al., Age and sex subgroups vulnerable to copycat suicide: evaluation of nationwide data in South Korea. Scientific reports, 2019. 9(1): p. 17253.
3. Niederkrotenthaler, T., et al., Association of Increased Youth Suicides in the United States With the Release of 13 Reasons Why. JAMA Psychiatry, 2019.

공황 장애

1. Shin, L.M. and I. Liberzon, The neurocircuitry of fear, stress, and anxiety disorders. Neuropsychopharmacology, 2010. 35(1): p. 169-91.
2. 서호석, et al., 공황장애의 한국형 최신 치료지침. 대한의사협회지, 2018. 61(8): p. 493-499.
3. Williams, S.S., The terrorist inside my husband's brain. Neurology, 2016. 87(13): p. 1308-11.

산후 우울증

1. Moses-Kolko, E.L., et al., Abnormally reduced dorsomedial prefrontal cortical activity and effective connectivity with amygdala in response to negative emotional faces in postpartum depression. Am J Psychiatry, 2010. 167(11): p. 1373-80.
2. Vigod, S.N., et al., Relation between place of residence and postpartum depression. CMAJ, 2013. 185(13): p. 1129-35.
3. Weissman, A.M., et al., Pooled analysis of antidepressant levels in lactating mothers, breast milk, and nursing infants. Am J Psychiatry, 2004. 161(6): p. 1066-78.
4. O'Hara, M.W., et al., Efficacy of interpersonal psychotherapy for postpartum depression. Arch Gen Psychiatry, 2000. 57(11): p. 1039-45.

양극성 장애

1. Kim, J.H., et al., Lifetime prevalence, sociodemographic correlates, and diagnostic overlaps of bipolar spectrum disorder in the general population of South Korea. J Affect Disord, 2016. 203: p. 248-55.

2. 정하은 and 김창윤, 사도세자에 대한 정신의학적 고찰 : 사도세자, 양극성 장애 환자인가 당쟁의 희생양인가. J Korean Neuropsychiatr Assoc, 2014. 53(5): p. 299-309.
3. Andreasen, N.J. and A. Canter, The creative writer: psychiatric symptoms and family history. Compr Psychiatry, 1974. 15(2): p. 123-31.
4. Jamison, K.R., Mood disorders and patterns of creativity in British writers and artists. Psychiatry, 1989. 52(2): p. 125-34.
5. Ludwig, A.M., Mental illness and creative activity in female writers. Am J Psychiatry, 1994. 151(11): p. 1650-6.
6. Kyaga, S., et al., Mental illness, suicide and creativity: 40-year prospective total population study. J Psychiatr Res, 2013. 47(1): p. 83-90.
7. Andreasen, N.C., The relationship between creativity and mood disorders. Dialogues Clin Neurosci, 2008. 10(2): p. 251-5.
8. Figueroa, C.G., [Virginia Woolf as an example of a mental disorder and artistic creativity]. Rev Med Chil, 2005. 133(11): p. 1381-8.
9. Hirschfeld, R.M., L. Lewis, and L.A. Vornik, Perceptions and impact of bipolar disorder: how far have we really come? Results of the national depressive and manic-depressive association 2000 survey of individuals with bipolar disorder. J Clin Psychiatry, 2003. 64(2): p. 161-74.
10. Redlich, R., et al., Brain morphometric biomarkers distinguishing unipolar and bipolar depression. A voxel-based morphometry-pattern classification approach. JAMA Psychiatry, 2014. 71(11): p. 1222-30.

조현병

1. 이유상 and 권준수, 조현병, 정신분열병의 새로운 명칭 탄생. J Korean Neuropsychiatr Assoc, 2011. 50(1): p. 16-9.
2. 김성완, et al., '조현병-정신분열병'병명에 따른 낙인 비교. J Korean Neuropsychiatr Assoc, 2012. 51: p. 210-7.
3. Skodlar, B., M.Z. Dernovsek, and M. Kocmur, Psychopathology of schizophrenia in Ljubljana (Slovenia) from 1881 to 2000: changes in the content of delusions in schizophrenia patients related to various sociopolitical, technical and scientific changes. Int J Soc Psychiatry, 2008. 54(2): p. 101-11.
4. 정현진, et al., 조현병 입원 환자의 망상과 환각 : 1990년대와 2000년대의 비교.

Korean J Biol Psychiatry, 2013. 20: p. 80-5.
5. Oh, H.Y., D. Kim, and Y.C. Park, Nature of Persecutors and Their Behaviors in the Delusions of Schizophrenia: Changes between the 1990s and the 2000s. Psychiatry Investig, 2012. 9(4): p. 319-24.
6. Kim, A.M., Crimes by people with schizophrenia in Korea: comparison with the general population. BMC Psychiatry, 2019. 19(1): p. 377.

외상 후 스트레스 장애

1. Kim, J.B., S.Y. Ryu, and H. Ahn, A Review of Korean Mental Health Studies Related to Trauma and Disasters. Psychiatr Invest, 2005. 2(2): p. 22-30.
2. 정태훈, et al., 대구지하철참사 부상자 만성후유증관리를 위한 연구용역 : 최종보고서. 경북대학교 의과대학., 2006.
3. 홍종관, et al., 대구 지하철 화재 사망자 유가족의 외상후 스트레스 장애에 관한 연구. 정서·행동장애연구, 2005. 21(1): p. 139-154.
4. 지정구 and 황경열, 대구 지하철 화재 사망자 유가족의 외상후 스트레스 장애에 대한 연구. 동서정신과학, 2008. 11(1): p. 97-112.
5. Kim, M.J., et al., Disrupted white matter tract integrity of anterior cingulate in trauma survivors. Neuroreport, 2005. 16(10): p. 1049-53.
6. Lyoo, I.K., et al., The neurobiological role of the dorsolateral prefrontal cortex in recovery from trauma. Longitudinal brain imaging study among survivors of the South Korean subway disaster. Arch Gen Psychiatry, 2011. 68(7): p. 701-13.
7. Lee, S.H., et al., Factors Associated with Post-traumatic Stress Symptoms in Students Who Survived 20 Months after the Sewol Ferry Disaster in Korea. J Korean Med Sci, 2018. 33(11): p. e90.
8. Huh, H.J., et al., Unresolved Bereavement and Other Mental Health Problems in Parents of the Sewol Ferry Accident after 18 Months. Psychiatry Investig, 2017. 14(3): p. 231-239.

뇌전증

1. Brown, A.S., A review of the deja vu experience. Psychol Bull, 2003. 129(3): p. 394-413.

2. Dreher, J.C., et al., Age-related changes in midbrain dopaminergic regulation of the human reward system. Proc Natl Acad Sci U S A, 2008. 105(39): p. 15106-11.
3. Taiminen, T. and S.K. Jaaskelainen, Intense and recurrent deja vu experiences related to amantadine and phenylpropanolamine in a healthy male. J Clin Neurosci, 2001. 8(5): p. 460-2.
4. Wells, C.E., et al., Persistent psychogenic deja vu: a case report. J Med Case Rep, 2014. 8: p. 414.
5. Squire, L.R. and S. Zola-Morgan, The medial temporal lobe memory system. Science, 1991. 253(5026): p. 1380-6.
6. Illman, N.A., et al., Deja experiences in temporal lobe epilepsy. Epilepsy Res Treat, 2012. 2012: p. 539567.
7. Slotnick, S.D., The nature of recollection in behavior and the brain. Neuroreport, 2013. 24(12): p. 663-70.
8. Bartolomei, F., et al., Rhinal-hippocampal interactions during deja vu. Clin Neurophysiol, 2012. 123(3): p. 489-95.
9. Adachi, N., et al., Two forms of deja vu experiences in patients with epilepsy. Epilepsy Behav, 2010. 18(3): p. 218-22.
10. Ross, B.H., The Psychology of Learning and Motivation: Advances in Research and Theory. 2010: Elsevier Science.

확증 편향

1. Burrell, B., Postcards from the Brain Museum: The Improbable Search for Meaning in the Matter of Famous Minds. 2006: Broadway Books.
2. Broad, W.J. and N. Wade, Betrayers of the Truth. 1985: Oxford University Press.
3. Gould, S.J., Morton's ranking of races by cranial capacity. Unconscious manipulation of data may be a scientific norm. Science, 1978. 200(4341): p. 503-9.
4. Editorial, Mismeasure for mismeasure. Nature, 2011. 474(7352): p. 419.
5. Diamond, M.C., et al., Increases in cortical depth and glia numbers in rats subjected to enriched environment. J Comp Neurol, 1966. 128(1): p. 117-26.
6. Hines, T., Further on Einstein's brain. Exp Neurol, 1998. 150(2): p. 343-4.
7. http://www.nytimes.com/2006/11/14/science/14prof.html
8. Witelson, S.F., D.L. Kigar, and T. Harvey, The exceptional brain of Albert 9.

Einstein. Lancet, 1999. 353(9170): p. 2149-53.

9. Spitzka, A., A Study of the Brains of Six Eminent Scientists and Scholars Belonging to the American Anthropometric Society, together with a Description of the Skull of Professor E. D. Cope. Trans Am Philos Soc, 1907. 21: p. 175-308.
10. Galaburda, A.M., Albert Einstein's brain. Lancet, 1999. 354(9192): p. 1821; author reply 1822.
11. Falk, D., New Information about Albert Einstein's Brain. Front Evol Neurosci, 2009. 1: p. 3.
12. Hines, T., Neuromythology of Einstein's brain. Brain Cogn, 2014. 88: p. 21-5.
13. Falk, D., F.E. Lepore, and A. Noe, The cerebral cortex of Albert Einstein: a description and preliminary analysis of unpublished photographs. Brain, 2013. 136(Pt 4): p. 1304-27.
14. Men, W., et al., The corpus callosum of Albert Einstein's brain: another clue to his high intelligence? Brain, 2014. 137(Pt 4): p. e268.
15. Hines, T., Neuromythology of Einstein's brain. Brain Cogn, 2014. 88: p. 21-5.
16. Hines, T., Further on Einstein's brain. Exp Neurol, 1998. 150(2): p. 343-4.
17. Garcia-Penton, L., et al., Anatomical connectivity changes in the bilingual brain. Neuroimage, 2014. 84: p. 495-504.

입스

1. Clarke, P., D. Sheffield, and S. Akehurst, The yips in sport: A systematic review. International Review of Sport and Exercise Psychology, 2015. 8(1): p. 156-184.
2. Katwala, A., The Athletic Brain: How Neuroscience is Revolutionising Sport and Can Help You Perform Better. 2016: Simon & Schuster UK.
3. Gray, R., Attending to the execution of a complex sensorimotor skill: expertise differences, choking, and slumps. J Exp Psychol Appl, 2004. 10(1): p. 42-54.
4. Beilock, S.L., et al., When paying attention becomes counterproductive: impact of divided versus skill-focused attention on novice and experienced performance of sensorimotor skills. J Exp Psychol Appl, 2002. 8(1): p. 6-16.
5. Jueptner, M., et al., Anatomy of motor learning. I. Frontal cortex and attention to action. J Neurophysiol, 1997. 77(3): p. 1313-24.
6. Smith, A.M., et al., The 'yips' in golf: a continuum between a focal dystonia and

choking. Sports Med, 2003. 33(1): p. 13-31.

거울-촉각 공감각

1. http://www.livescience.com/1628-study-people-literally-feel-pain.html
2. Blakemore, S.J., et al., Somatosensory activations during the observation of touch and a case of vision-touch synaesthesia. Brain, 2005. 128(Pt 7): p. 1571-83.
3. Rizzolatti, G. and L. Craighero, The mirror-neuron system. Annu Rev Neurosci, 2004. 27: p. 169-92.
4. Banissy, M.J. and J. Ward, Mirror-touch synesthesia is linked with empathy. Nat Neurosci, 2007. 10(7): p. 815-6.
5. Banissy, M.J. and J. Ward, Mirror-touch synesthesia is linked with empathy. Nat Neurosci, 2007. 10(7): p. 815-6.
6. http://www.psmag.com/health-and-behavior/is-mirror-touch-synesthesia-a-superpower-or-a-curse
7. Ward, J. and M.J. Banissy, Explaining mirror-touch synesthesia. Cogn Neurosci, 2015. 6(2-3): p. 118-33.
8. Banissy, M.J., et al., Superior facial expression, but not identity recognition, in mirror-touch synesthesia. J Neurosci, 2011. 31(5): p. 1820-4.
9. Burgoon, J.K., L.K. Guerrero, and K. Floyd, Nonverbal Communication. 2016: Taylor & Francis.
10. Holle, H., M.J. Banissy, and J. Ward, Functional and structural brain differences associated with mirror-touch synaesthesia. Neuroimage, 2013. 83: p. 1041-50.
11. Van Overwalle, F., Social cognition and the brain: a meta-analysis. Hum Brain Mapp, 2009. 30(3): p. 829-58.

에필로그

1. Guiso, L., et al., Diversity. Culture, gender, and math. Science, 2008. 320(5880): p. 1164-5.
2. Beilock, S.L., et al., Female teachers' math anxiety affects girls' math achievement. Proc Natl Acad Sci U S A, 2010. 107(5): p. 1860-3.
3. Phelps, E.A., et al., Performance on indirect measures of race evaluation predicts

amygdala activation. J Cogn Neurosci, 2000. 12(5): p. 729-38.

4. Cunningham, W.A., et al., Separable neural components in the processing of black and white faces. Psychol Sci, 2004. 15(12): p. 806-13.
5. Telzer, E.H., et al., Amygdala sensitivity to race is not present in childhood but emerges over adolescence. J Cogn Neurosci, 2013. 25(2): p. 234-44.
6. Pettigrew, T.F. and L.R. Tropp, A meta-analytic test of intergroup contact theory. J Pers Soc Psychol, 2006. 90(5): p. 751-83.

아픈 마음들의 시대

초판 1쇄 발행　2020년 6월 15일

지은이　최강
책임편집　박소현
디자인　고영선

펴낸곳　(주)바다출판사
발행인　김인호
주소　서울시 마포구 어울마당로5길 17 5층(서교동)
전화　322-3675(편집), 322-3575(마케팅)
팩스　322-3858
E-mail　badabooks@daum.net
홈페이지　www.badabooks.co.kr

ISBN　979-11-89932-64-0 03180